# 名著妙语1000句

主　编　袁　野

副主编　管宝超　朱环宇

中国财富出版社

**图书在版编目（CIP）数据**

名著妙语1000句／袁野主编．—北京：中国财富出版社，2014.9
ISBN 978-7-5047-5342-7

Ⅰ.①名…　Ⅱ.①袁…　Ⅲ.①名句—汇编—世界　Ⅳ.①H033

中国版本图书馆CIP数据核字（2014）第197664号

**策划编辑**　李瑞清　　**责任印制**　何崇杭
**责任编辑**　杨银旗　李瑞清　　**责任校对**　梁　凡

---

**出版发行**　中国财富出版社
**社　　址**　北京市丰台区南四环西路188号5区20楼　　**邮政编码**　100070
**电　　话**　010-52227568（发行部）　010-52227588转307（总编室）
010-68589540（读者服务部）　010-52227588转305（质检部）
**网　　址**　http：//www.cfpress.com.cn
**经　　销**　新华书店
**印　　刷**　北京京都六环印刷厂
**书　　号**　ISBN 978-7-5047-5342-7/H·0125
**开　　本**　880mm×1230mm　1/32　　**版　　次**　2014年9月第1版
**印　　张**　7.125　　**印　　次**　2014年9月第1次印刷
**字　　数**　153千字　　**定　　价**　18.00元

---

# 前　言

《名著妙语 1000 句》选取了外国著名作家小说、诗歌、戏剧、传记、故事中的人物精彩妙语，这些名著妙语虽然不过三言两语，却是人生经验的总结。其内涵丰富、寓意深长、发人深省、给人以启迪，催人奋发向上。语言生动形象，富有感染力。

本书名曰《名著妙语 1000 句》。其实不止 1000 句，它是个概数。按内容分为“人生、生命、理想、信仰、爱国、奋斗、成败、希冀、生活、幸福、贫富、品德、处世、友谊、爱情、婚姻、家庭、惜时、知识”等 23 篇。

笔者相信这些妙语对于我们演讲写作，处事交际，指导工作、生活、学习都有很大帮助。

编　者

2014 年 8 月

# 目　录

# 《人生篇》

人生是什么？人生是悲喜、祸福、生死、离别、酸甜苦辣、幸福痛苦组成的一出戏剧。人生的道路就像一条河，在没有水流的地方，冲出一条崭新的河道。人生不都是幸福的，常常伴随着屈辱和痛苦。人生不都是美好的，还有丑恶的一面。人生是不可预测的，有时你认为这件事错了，可是事实告诉你结果是好的。一个人即使不能把自己的一生书写得辉煌灿烂，但也不能给它涂上一层乌黑的颜色。人生有如下棋，每一步都要走好，一步走错，就可能殃及全局。

人生第一应尽的责任是要让人家觉得生活可爱。

——［法国］罗曼·罗兰《约翰·克利斯朵夫》

人生第一要尽本分。

——［法国］罗曼·罗兰《约翰·克利斯朵夫》

一个人对人生毫无认识的时候，又怎么能真诚呢？

——［法国］罗曼·罗兰《约翰·克利斯朵夫》

人生是一场赌博，唯有聪明人才能赢；所以第一要看清敌人的牌而不能泄露自己的牌。

——［法国］罗曼·罗兰《约翰·克利斯朵夫》

人生有个最低限度的幸福可以希冀，但谁也没有权利存什么奢望：你想多要一点幸福，就得自个儿去创造，可不能向人家要求。

——［法国］罗曼·罗兰《约翰·克利斯朵夫》

从远处看，人生的不幸还很有诗意呢；一个人最怕庸庸碌碌的生活。

——［法国］罗曼·罗兰《约翰·克利斯朵夫》

人生是个无法消解的可悲的误会。一个人只能爱，怜悯，梦想。

——［法国］罗曼·罗兰《约翰·克利斯朵夫》

没有意义的人生等于提前死亡。

——［法国］罗曼·罗兰《罗曼·罗兰回忆录》

如果人生真是一场梦，我不过是这个梦网中的蜘蛛。

——［法国］罗曼·罗兰《罗曼·罗兰回忆录》

人生应当做点错事。做错事，就是长见识。

——［法国］罗曼·罗兰《母与子》

啊！人生在瞬息之间能交织着多少欢乐与希望，谁也说不清楚。

——［法国］大仲马《阿斯加尼奥》

人生满是屈辱和痛苦。一切将人生和幸福联系起来的线索都先先后后一根根地在人类的手里断掉了，尤其是金钱的线索。

——［法国］大仲马《三个火枪手》

在人生的舞台上与在戏剧的舞台上一样，他们总以为那些穿着华贵服装，吐着高雅语言的人物总比穿着破鞋烂袜，不断遭到别人用裹着乱麻的棍子抽打自己脊梁骨的穷人有意思得多。

——［法国］大仲马《布拉日隆子爵》

我们在人生道上的每一个脚步都像在一片沙上爬行的昆虫一样——都留下了痕迹！

——［法国］大仲马《基度山伯爵》

人生是这样易于变换，当快乐在我们面前的时候，我们总应该及时抓住它。

——［法国］大仲马《基度山伯爵》

人生不就是在等待中过去的吗？

——［法国］大仲马《基度山伯爵》

人生在世应该实实在在地做点事情。

——［法国］大仲马《蒙梭罗夫人》

人生的真谛是痛苦。

——［法国］大仲马《阿斯加尼奥》

人身上永远存在的是，即使在最残酷的时刻，在断头台脚下，也未失去追求舒适的本能。

——［法国］司汤达《阿尔芒斯》

人生是泪之谷，清心寡欲才有意义。

——［法国］司汤达《秦奇一家人》

人生便是白昼与黑夜的斗争。

——［法国］雨果《雨果传》

人并不是只是一个圆心的圆圈；它是一个有两个焦点的椭圆形。事物是一个点，思想是另一个点。

——［法国］雨果《悲惨世界》

在人生的某种时刻，常有一种神秘的微音来惊觉或搅乱我们的心神。

——［法国］雨果《悲惨世界》

人生不过是过眼的烟云，是热情的火花喷出的黑烟，如此而已。

——［法国］雨果《雨果戏剧选》

人生的森林里迷入歧路，原是由人类的本能和嗜好以及欲望造成的。

——［法国］莫泊桑《橄榄田》

人生真是古怪的，没有一定的。无论是害您或者救您，只需有一点点差错。

——［法国］莫泊桑《莫泊桑中短篇小说选集》

人生如此丑恶，唯一忍受的方法就是躲开。你想得开，唯有生活于艺术，唯有由美而抵于真理的不断的寻求。

——［法国］福楼拜《福楼拜评传》

人生是万不可料的。有时我想自己全盘都错，事实上倒是好了。

——［美国］德莱塞《珍妮姑娘》

凡人一生中，总必遇到过几次紧要关头，当时如果向一条路走，就是严格实践正义和责任；向另外一条路走呢，就有获得个人幸福的可能，因此要觉得踌躇不决。而这两条路的分界线，不一定是必然分明的。

——［美国］德莱塞《珍妮姑娘》

人生不能由冷酷严密的规则来加以支配。这是谁都知道的。你可以竭力试试，为了保全自己和社会外表，应当尽可能管住自己，可是如果你错了——而且你很容易犯错误——那可不是犯罪。

——［美国］德莱塞《天才》

人生尽管充满了种种恐怖事件，到底还是美丽的。

——［美国］德莱塞《天才》

人生是个多么可爱的混沌——多么丰富、多么温柔、多么狰狞、多么像一支五音繁会的交响乐曲。

——［美国］德莱塞《天才》

人生是不能放入随便什么模型里的，这种企图还是马上放弃的好。那些幸而找到琴瑟和谐的终身伴侣的人，应该暗自庆幸，努力做到当之无愧。那些不这么幸福的人，他们即使被认为流氓无赖，可还是有些理由的。

——［美国］德莱塞《金融家》

人生就是这样在最高的希望中烦恼着，痛苦着。遥远的世界永远是达不到的地方，无限的诱惑伴随着无限的痛苦。

——［美国］德莱塞《巨人》

人生只不过是强取豪夺；只不过是令人羡慕的浮光掠影而已。

——［美国］德莱塞《锁链》

人生在世，绝不能事事如意。反正，遇见了什么失望的事情，你也不必灰心丧气；你应当下个决心，想法子争这口气来才对。我也就是这个办法。

——［美国］马克·吐温《在亚瑟王朝廷里的康涅狄克州美国人》

人生，处处地方都有毒蛇在引诱我们。

——［美国］马克·吐温《傻子出国记》

说也奇怪，人生在世就是偶有心满意足的时候，结果也还是转眼成空。

——［美国］马克·吐温《在亚瑟王朝廷里的康涅狄克州美国人》

千千万万的人生下来，辛勤劳苦，流血流汗，为面包而奋斗、争吵、责骂、打架，为了细小的利益互相争夺不休。他们年龄一年年大起来，跟着来的是衰老。凌辱和羞耻挫伤了他们的傲慢和虚荣。他们所爱的人给拆散了，人生的欢乐变成了惨痛。痛苦、忧患、不幸，一年比一年深重。到最后，野心死了，傲慢死了，虚荣死了，剩下的只是渴望解脱。最后也终于解脱了——这是泥土留给他们唯一无害的礼物——他们从这个世界上消失了。

——［美国］马克·吐温《马克·吐温自传》

我们不能打算怎样在人生里光荣前进，而只能打算怎样能不丢脸退出人生。

——［英国］哈代《还乡》

一个人的一生里总有一些阴影。

——［英国］哈代《卡斯特桥市长》

人生无常，世事难料。

——［英国］哈代《德伯家的苔丝》

大凡人生中有价值的事，并不是人生的美丽，却是人生的酸苦。

——［英国］哈代《德伯家的苔丝》

认真观察人生的每一出戏剧，如果戏是喜剧他感觉不出什么意味，戏具有悲剧性的结尾时就不能责怪他不严肃对待了。

——［英国］哈代《远离尘嚣》

人生初开的花呵，多甜，它结出的果子呵，太苦！

——［英国］哈代《遮住那阳光》

最好的戏剧也不过是人生的一个缩影；最坏的只要用想象补足一下，也就不会坏到什么地方去。

——［英国］莎士比亚《仲夏夜之梦》

人生的种种目的，往往在最后关头达到了完成的境界；长期的艰辛所不能取得结果的，却会在紧急的一刻中得到决定。

——［英国］莎士比亚《爱的徒劳》

人生不过是一个行走的影子，一个在舞台上指手画脚的拙劣的伶人，登场片刻，就在无声无息中悄然退下；它是一个愚人所讲的故事，充满着喧哗和骚动，却找不到一点意义。

——［英国］莎士比亚《麦克白》

人生就像一段重复叙述的故事一般可厌，搅乱一个倦怠者的懒洋洋的耳朵；辛酸的耻辱已经损害了人世的美味，除了耻辱和辛酸以外，它便一无所有。

——［英国］莎士比亚《约翰王》

人生的长链不论是金铸的也好，铁打的也好，荆棘编成的也好，花朵串起来的也好，要不是你自己在终生难忘的某一天动手去制作那第一环，你也就根本不会过上这样的一生了。

——［英国］狄更斯《远大前程》

我们都做过错事，想起来就会伤心。我这一辈子，就干过多少不识好歹、薄情寡恩的事。

——［英国］狄更斯《远大前程》

啊，人生在世，有时候是多么美好啊，真值得为之而生，又值得为之而死。那支古老的歌唱得多好啊：啊，是爱，是爱，是爱把世界转动！

——［英国］狄更斯《狄更斯传》

在人生的这本书里，多数的人们都会从过分善良的天性里找到简单的教训。

——［英国］狄更斯《游学札记》

人生阅历的花毯，是用那经常接合而又断却的，人生缘分的毛线，编织起来的。

——［印度］泰戈尔《流萤集》

人生的游戏是中途的，人生的玩具，一个个地落在后面，被遗忘了。

——［印度］泰戈尔《流萤集》

在人生的道路上，所有的人并不站在同一个场所。——有的在山前，有的在海边，有的在平原边上；但是没有一个人能够站着不动，所有的人都是朝前走。

——［印度］泰戈尔《戈拉》

人生的道路就像一条大河，由于急流本身的冲击力，在从前没有水流的地方，冲刷出崭新的意料不到的河道。

——［印度］泰戈尔《戈拉》

人走进喧哗的群众里去，为的是要淹没他自己的沉默的呼号。

——［印度］泰戈尔《飞鸟集》

人生悲惨的事情就是这样发生的：开始的时候，不过是什么阴暗的角落里一个小毛病，结果整个屋子都让它害得倒塌了。悲剧的主要原因是：一个人并不认识他自己真正的面目。

——［印度］泰戈尔《家庭与世界》

我认识到，人生的旅程是漫长的，而要遭遇的伤痛是众多的，不可避免的，这时就需要做出最大的努力，以保持我心灵的力量，

——［印度］泰戈尔《孟加拉掠影》

人们自古以来，在这条路上行走着，然而，路确实是坎坷不平、逶迤曲折、无边无际的，它具有无数分支，充满着欢乐、痛苦、艰险，但那就是人生的道路。

——［印度］泰戈尔《泡影》

我不得不忍受无数痛苦和折磨，不幸和灾祸，侮辱和欺凌。然而，人生并不是不堪忍受的。好比一只烟花筒，我越是使劲燃烧它，它越是加快地旋转。当它飞快地旋转时，我是不会觉察，我正在燃烧它。如今，那无上悲愤、无上欢乐的火焰，刹那间给一阵风吹熄了。我也恰如无生命的东西，坠落在人生道路边沿的尘埃中。

——［印度］泰戈尔《泡影》

我不想死，因为这世界真美好，我渴望分享人生的乐趣。

——［印度］泰戈尔《泰戈尔评传》

人往往站在人生的宫殿之外，从大路上望了望里面燃烧着的灯火而又回头走开了。

——［印度］泰戈尔《泰戈尔评传》

我只知道人生有两种很真实的罪过：后悔和生病。唯一的好事是没有这两种罪过。

——［俄国］列夫·托尔斯泰《战争与和平》

不受任何限制的自由是人类意识中的人生的本质。

——［俄国］列夫·托尔斯泰《战争与和平》

人生既不是游戏，也不是娱乐；人生更不是享乐……人生——应该是艰巨的工作。

——［俄国］屠格涅夫《屠格涅夫评传》

人生里面有些瞬间，也有些情感……那是我们只能意会，却不可以言传的。

——［俄国］屠格涅夫《贵族之家》

人生无常，万物都要化为尘埃，都要像草一样枯萎，会死去，不再存在世上。

——［俄国］屠格涅夫《草原上的李耳王》

人生和哲学是背道而驰的：没有懒惰就没有幸福，只有废物才会得到满足。

——［俄国］契诃夫《手记》

你们只要没有活到大限临头，就不要抱怨，不要发牢骚！样样事物都会发生，人事是千变万化的。……比方说，你现在无声无息，什么也算不上，如同一粒沙子，……一粒葡萄干。可是，谁知道呢？说不定，时机一到……你就交上好运了！什么事都会发生的！

——［俄国］契诃夫《胜利者的胜利》

人生有多少步棋要走？我们无法预料的又有多少？

——［俄国］陀思妥耶夫斯基《白痴》

人生一般总是在两种互相矛盾的真理之间寻找中庸。

——［俄国］陀思妥耶夫斯基《卡拉马佐夫兄弟》

人的一生，是很短的，短暂的岁月要求我好好领会生活的过程……

——［苏联］高尔基《夏天》

人生易逝，唯其事业有时得以垂诸永久。

——［苏联］高尔基《马特维·科热米亚金的一生》

人生的真谛和忧伤不会被华丽的言辞和喧嚣的臆想所淹没。

——［苏联］高尔基《克里姆·萨姆金的一生》

人的一生就如同下棋一样，每一个棋子都有自己的走法，如果没有这个想法——棋也就下不成了！

——［苏联］高尔基《卡利宁》

不幸的人生是苦蓬，是瓦砾中的杂草。

——［苏联］高尔基《意大利童话》

人生在世……好像浮在河水上的木片似的……他们把屋子一造起来的时候，他们就把那些木片扔掉。

——［苏联］高尔基《下层》

人生最美好的，就是在你停止生存时，也足够以你所创造的一切为人们服务。

——［苏联］奥斯特洛夫斯基《奥斯特洛夫斯基两卷集》

对我来说，人生不是什么“短暂的烛光”。人生就是一支由我此时此刻举着的辉煌灿烂的火把，我要把它燃烧得极其明亮，然后把它递交给后代的人们。

——［爱尔兰］萧伯纳《萧伯纳论莎士比亚》

人生犹如战争一般，为要射死一个人，便不得不放千百颗子弹。

——［爱尔兰］萧伯纳《萧伯纳在上海》

人生真正的快乐，在于能对一个事业有所贡献，而自己认识到这是个伟大的事业；在于把每一滴血都消耗光才能入黄土堆里；在于能成为宇宙间的一股力量，而不只是一块自私自利的行尸走肉，成天埋怨世界没能用全副注意叫他过得更快活些。

——［爱尔兰］萧伯纳《萧伯纳语录》

人生是非常复杂的，……它不单纯是虔诚，也不全是欢乐。

——［爱尔兰］萧伯纳《真相毕露》

人生有两种悲剧：一种是没有得到心里想要的东西。

另一种是得到了。

——［爱尔兰］萧伯纳《人与超人》

人生是伟大的宝藏，我晓得从这个宝藏里选取最珍贵的珠宝。

——［波兰］显克微支《你往何处去》

人生太短促了，不值得费工夫去找麻烦。

——［波兰］显克微支《你往何处去》

人生是可笑的，所以我笑。

——［波兰］显克微支《你往何处去》

人生的戏剧一般都是在青春之树掉第一批叶子的时候才开始的。

——［波兰］显克微支《一个普兹南家庭教师的日记》

# 生命篇

生命的价值是根据人的价值而定的。一个人对社会、对人类的贡献越大，他的生命价值也就越高。生命遭到危险的时候，常常是它的开始；当它壮大起来后，就显示出了强大的抵抗力。激活生命动力是追求，是梦想。一个人越是对生活充满希望，对未来充满向往，其生命的力量也更强大。在极端困苦的环境下，使人们能够活下去的勇气，是对生命的热爱；正是它把鲜活的血液灌输在人体的各个部位。

无可怀疑，生命含蓄着许多稀奇的秘密。要有人探究这些秘密，也许是很紧要的。

——［美国］德莱塞《金融家》

人工只会降低她肉体上和精神上的特色。生命却对她加强这些特色。

——［美国］德莱塞《金融家》

生命——生命——人没有生命怎么行啊——白天多美丽——太阳、雨、工作、爱情、活力、愿望，这一切多么美丽啊。

——［美国］德莱塞《美国的悲剧》

生命本来始终像是一种珍贵的东西，但是现在，老是没得吃，体力也衰弱了，已使人世的美景大为减色，难以觉察了。

——［美国］德莱塞《嘉莉妹妹》

生命最多也只是在很多事物之中求得一个粗疏而不完美的平衡……

——［美国］德莱塞《堡垒》

生命总是比古董更重要。

——［奥地利］茨威格《看不见的珍藏》

有先于死亡的死，也有超出一个人生活界限的生。

我们和虚无的真正分界线，不是死亡，是活动的停止。

——［奥地利］茨威格《罗曼·罗兰传》

万物都爱生命，一切有生命的东西都是美的。

——［法国］大仲马《布拉日隆子爵》

生命是什么？只是在死神的候见室里片刻儿逗留而已。

——［法国］大仲马《基度山伯爵》

人，有时会从求死的念头上反冲回来，突然从绝望转变到一种热烈的求生和自由的愿望。

——［法国］大仲马《基度山伯爵》

生命的每一个时刻，我们都在死亡和诞生。

——［法国］卢梭《爱弥儿》

生命遭遇最大的危险的时候是在它的开始；对生活的体验越少，则保持其生命的希望也越少。

——［法国］卢梭《爱弥儿》

打破认为生命有了不起的价值的说法，你可以毫无忧虑地享受你的生命，你可以毫无恐惧的结束你的生命。

——［法国］卢梭《爱弥儿》

不管死亡在什么时候到来，我都不把它看在眼里，在它的面前，我决不做偷生的打算；然而在我活着的时候，它也是永远不能妨碍我的生活。

——［法国］卢梭《爱弥儿》

当你学会了同样无动于衷地去看待生与死、疾病与健康、富贵与贫穷、荣誉与诽谤，这一切的确也就没有什么了。

——［法国］卢梭《一个孤独的散步者的遐想》

促使人们活下去的，是对生命的爱惜。他们把全部身心都灌注到这个念头上；用意志力维系着生存，这意志力延长了他们的生命。

——［法国］福楼拜《萨朗波》

生命中有时有这样的时刻，死神离我们那么近，从我们身边轻轻擦过，他的气息使我们的心都感冰凉了。

——［法国］莫泊桑《一生》

生命的斜坡是无底的深渊，一旦开始向下滑，就再也不会停止不动，只好处于害怕危险的本能，闭上眼睛向下滑，努力保持自己的美梦，避免在令人无能为力的深渊和绝望面前感到头晕目眩。

——［法国］莫泊桑《不可抗拒的爱》

人的生命，犹如船在海上驶过的水痕，慢慢儿远，慢慢儿淡。

——［法国］莫泊桑《法国文学名家》

一切生命的意义就在于此——在于创造的刺激。

——［法国］罗曼·罗兰《罗曼·罗兰回忆录》

一个人越是生活，越是创造，越是有所爱，越是失掉他的所爱，他便越来越逃出了死神的掌握。

——［法国］罗曼·罗兰《约翰·克利斯朵夫》

敌人只有一个，便是贪图享乐的自私自利，是它把生命的泉源吸干了，搅溷了。

——［法国］罗曼·罗兰《约翰·克利斯朵夫》

生命本来是最主要的德性。一个人缺乏了生机，即使他有一切其他的德性，也不能称为有道之士，因为他不是一个完全的人。

——［法国］罗曼·罗兰《约翰·克利斯朵夫》

生命的价值根据人的价值而定……而且，这样说也许是不公正的。对于价值不大的人，生命的价值是无穷的。

——［法国］罗曼·罗兰《母与子》

生命原本是一爿永无休息的工场，懒汉在那儿绝没有容身之地。

——［法国］罗曼·罗兰《搏斗》

生，便是由黑夜的神秘，进入白天的更大的神秘。

——［印度］泰戈尔《流萤集》

生命从世界得到资产，爱情使它得到价值。

——［印度］泰戈尔《飞鸟集》

因为有了生命之力的抚弄触摸，我们的每一部分肢体都无上光荣。

——［印度］泰戈尔《泰戈尔评传》

生命的力量，生命的溪流，生命的流动精神，处处都在发挥作用。

——［印度］泰戈尔《泰戈尔评传》

生命的小溪，渗入世间的每一粒尘土，快活地穿过千万棵小草，滋润着数不清的枝叶与花朵。

——［印度］泰戈尔《泰戈尔评传》

生命是无所不在的。

——［俄国］陀思妥耶夫斯基《卡拉马佐夫兄弟》

生命的力量无处不在：在青草中，在树芽中，在花中，在昆虫和鸟雀中，于是我想，我们人类有一种特性，多少受制于这种力量，能够在自己身上认识这种力量。

——［俄国］列夫·托尔斯泰《托尔斯泰论集》

精神上的创伤，也像肉体上的创伤一样，只有通过从内部滋生出来的生命力才得以痊愈。

——［俄国］列夫·托尔斯泰《托尔斯泰论集》

美丽的希望开花，
花开过又要凋零，
又开过，又凋零——
这样直到死亡来临。

——［德国］海涅《新诗集》

# 理想篇

每一个人，每一个民族都应有自己的理想；理想越远大，前途越光明。理想不是空想，更不是胡思乱想，而是短期或长期的行动规划。梦想与现实是有距离的。只有努力奋斗，才能缩短这种距离。抽象的理想，只有变成具体的行动，才能产生力量。有理想就一定成就大事业吗？未必。但是没有理想肯定是成就不了的。

每一个人、每一个民族都要有自己的美的理想。

——［法国］司汤达《法国文学史》

忘却誓言的理想，是遭人鄙弃的。

——［法国］司汤达《阿尔芒斯》

我要把这个肮脏的世界打扫干净，让它永远清洁。

——［爱尔兰］萧伯纳《真相毕露》

理想犹如太阳，吸了地上所有的泥水。

——［法国］福楼拜《福楼拜评传》

这个理想中的社会还要更全能，更绝对，更正确，更神圣，每个人活着仅仅是为这个社会服务，舍此没有其他的目的。

——［法国］福楼拜《情感教育》

一种理想就是一种力！

——［法国］罗曼·罗兰《约翰·克利斯朵夫》

我还抱着更远大的理想。我希望世界文化的种子从教育的最初阶段就散播在中小学的学生中。

——［法国］罗曼·罗兰《先驱者》

我恨那怯懦的理想主义，它只教人不去注视人生的苦难和心灵的弱点。

——［法国］罗曼·罗兰《弥开朗琪罗传》

理想就是进步在不断前进中所追求的坚定不移的范本。

——［法国］雨果《莎士比亚论》

理想无非就是逻辑的最高峰，同样美就是真的顶端。艺术的民族同时也是彻底的民族。爱美就是要求光明。

——［法国］雨果《悲惨世界》

抽象的理想必须变成具体的观念；这样虽然少掉了美，却更有用；它缩小了，可是变得更好了。

——［法国］雨果《九三年》

每个人都有自己的理想。

——［俄国］屠格涅夫《贵族之家》

去争取你想到的，却仿佛不可能得到的东西，是多么有意思啊！只有为了这个，才值得活着！

——［俄国］屠格涅夫《春潮》

一个人所抱的愿望……和希望无论是多么微小，可是当突然被夺走的时候，他也是很难不手足失措的，哪怕仅仅只有一瞬间。

——［俄国］屠格涅夫《村居一月》

不管门外雪花堆积，
飞雹惊人，狂风迅疾，
震撼着我的窗棂，
我永不叹息呻吟，
因为在我的怀里，
抱着伊人的倩影和春天的欢乐。

——［德国］海涅《诗歌集》

为了一个伟大的神圣目的，去千方百计、历尽艰辛地奋斗，是完全值得的。

——［英国］狄更斯《圣诞故事集》

凡是高尚的目的都可以通过高尚的手段达到。如果无法达到，那就说明这些目的并不高尚。

——［英国］狄更斯《狄更斯传》

# 《信仰篇》

信仰是一种精神寄托。只有把这种寄托变成行动，它才有意义。信仰具有极大的能量，它能拯救一个人，也能毁灭一个人。把信仰当作一种主义时，他就会为信仰而奋斗。没有信仰的人，虽然还活着，可是他的思想已经死亡。思想脆弱、意志不坚定的人，他的信仰也是动摇不定的。坚定与信仰是密友，怀疑与信仰是仇敌。信仰要求人们把自己的行为纳入到规范的行列里，并为之而践行。

信仰能够移动大地的根基！

——［波兰］显克微支《你往何处去》

没有信仰就不会有美德。

——［波兰］显克微支《你往何处去》

正像一个人从悬崖上掉下去，不管是悬崖边上长着什么他都要抓住一样，他用双手抓住一种思想，也就是，信仰本身能够拯救他。

——［波兰］显克微支《你往何处去》

宗教信仰，神圣不可侵犯。

——［波兰］显克微支《洪流》

只要能够加强信仰或创造信仰，便是真正的奇迹。

——［爱尔兰］萧伯纳《圣女贞德》

虽然是一个虚伪的信仰，胜于愤怒的勇气。

——［爱尔兰］萧伯纳《圣女贞德》

信仰就是欺骗。可是能够发生效力。

——［爱尔兰］萧伯纳《真相毕露》

信仰不过是因人而异的情趣而已。

——［爱尔兰］萧伯纳《萧伯纳传》

思想脆弱的人缺少固定的信仰。

——［法国］司汤达《社会地位》

信仰，无所不在，在整体中强烈地表现出来。

——［法国］罗曼·罗兰《日记》

光有信仰是不够的，必须满怀热情地保持信仰。

——［法国］罗曼·罗兰《罗曼·罗兰回忆录》

人们的信仰是多种多样的，由于这些信仰都来之于人，故而不宜持久……归根结底，所有的信仰都一样：为了永生。

——［法国］罗曼·罗兰《罗曼·罗兰回忆录》

一种新的信仰能符合多种多样的愿望。每个人都会从中听到过对自己愿望的呼应。

——［法国］罗曼·罗兰《罗曼·罗兰回忆录》

没有信仰的人活着是没有思想的：他的思想向往堕落，而他的身体还在思索，正是这种思索拯救了他。

——［法国］罗曼·罗兰《罗曼·罗兰回忆录》

我们的信仰是我们的力量的尺度。因为，我们的信仰大小与我们的存在是成正比的。我越存在，我越思索。

——［法国］罗曼·罗兰《罗曼·罗兰回忆录》

信仰不是一门学问，信仰是一种行为；它只在被实践的时候，才有意义。

——［法国］罗曼·罗兰《托尔斯泰传》

一个人自以为信仰是一种主义，为它而奋斗，或者将要奋斗，至少是可能奋斗，的确是愉快的事；甚至觉得冒些危险也不坏，反而有种戏剧意味的刺激。

——［法国］罗曼·罗兰《约翰·克利斯朵夫》

信仰，应该向泉水一般从灵魂中出其不意地飞涌出来。

——［法国］罗曼·罗兰《约翰·克利斯朵夫》

大多数的人都是过的这种生活。他们的生命不是放在宗教信仰上，就是放在道德信仰上，或是社会信仰上，或是纯粹实际的信仰上（信仰他们的行业，工作，在人生中扮演的角色）——其实他们都不相信。可是他们不愿意知道自己不相信：为了生活，他们需要有这种表面上的信仰，需要有这种每个人都是教士的公认的宗教。

——［法国］罗曼·罗兰《约翰·克利斯朵夫》

没有信仰便不能生活。

——［俄国］屠格涅夫《屠格涅夫论》

其他各种幸福都一一从她身边错过了。但她对这些早已安之若素——只是全心全意地，燃烧着不灭的信仰的火光，献身于为四周的人们服务。

——［俄国］屠格涅夫《纪念尤·彼·伏列芙斯卡娅》

一个人理应是有信仰的、或者正在寻找信仰的人。人没有信仰，就成了行尸走肉。

——［俄国］契诃夫《补遗》

有共同的信仰，她们即使不讲话，也完全互相了解。

——［俄国］契诃夫《带阁楼的房子》

信仰是精神上的能力；动物是没有信仰的，野蛮人和没有开化的人有的是恐怖和疑惑。只有高度发达的生物才能有信仰。

——［俄国］契诃夫《手记》

学问如果缺了信仰，不但不能提高一个人，反而会把他降低到下等动物的地步……

——［俄国］契诃夫《牡蛎》

信仰是一种伟大的情感，一种创造力量。

——［苏联］高尔基《忏悔》

有信仰的人，才是有用的；没有信仰的人，是没有用的。

——［苏联］高尔基《兵们的故事》

智慧是做事用的，对于灵魂说来，靠的是信仰。

——［苏联］高尔基《在人间》

生活总是比人强，怀疑永远与信仰为敌。

——［苏联］高尔基《重逢》

你们什么也不相信；可你们不相信，又是为什么呢？你们害怕信仰，正是因为恐惧，你们才没有信仰！

——［苏联］高尔基《克里姆·萨姆金的一生》

农民对《圣经》是敏感的，只消三言两语就可以建立这样一个最新的信仰，这真让人惊叹不已。

——［苏联］高尔基《因为烦闷无聊》

通向真正信仰的道路，是要经过无信仰的沙漠才会达到的。

——［苏联］高尔基《克里姆·萨姆金的一生》

信仰之火是永远燃烧着的。

——［美国］德莱塞《堡垒》

只有燃烧着思想火焰的人，才是真正富有朝气的人，而民族只有在团结的时刻，也只有在强烈信仰的时刻，才能精力充沛。

——［奥地利］茨威格《罗曼·罗兰传》

认识真理不过是前进的第一步，认识真理而隐瞒真理，比不自觉地迷失方向错误更大，认识没有变为信仰，认识便没有意义。

——［奥地利］茨威格《罗曼·罗兰传》

必须把信仰和知识结合起来。

——［德国］海涅《论浪漫派》

纵令我们身体里的心
已被撕裂，已被割破，已被刺穿——
洪亮而高昂的笑声仍将陪伴我们。

——［德国］海涅《海涅抒情诗选集》

# 爱国篇

爱国同志向、道德、品格、情操一样，它能使人高尚伟大。人们都期待国家能为公民服务，能为公民创造幸福，但是公民也应要求自己去为国家尽力，为国家强大而添砖加瓦。一个不爱自己国家的人，他也不会受到国人的尊重。一个背叛祖国的人，永远遭到人民的唾弃。一个人只要把自己的一切献给祖国和人民，祖国和人民就永远不会忘记他。

自由、祖国，唯有你们才是我的信念！

——［法国］雨果《雨果传》

我的祖国——我的光荣，我唯一的心爱物。

——［法国］雨果《雨果传》

我的生活不能没有面包，但我的生活里也不能没有祖国。

——［法国］雨果《雨果诗选》

你愿意国家像浮云那样动荡不定吗？混乱不能创造秩序。

——［法国］雨果《笑面人》

无论你走的多么远，
你的心总和我连在一起；
祖国更重于生命，是我们的母亲，我们的土地。

——［智利］聂鲁达《诗歌总集》

我们为祖国服务，也不能都采用同一方式，每个人应该按照资禀，各尽所能。

——［德国］歌德《歌德谈话录》

在国外不管住在哪里……我都感到好像我成了隔离母体的一片肉。

——［俄国］陀思妥耶夫斯基《陀思妥耶夫斯基》

要练自己的灵魂，
从卑贱走向崇高，
就应当永远投身于古老的
大地母亲的怀抱。

——［俄国］陀思妥耶夫斯基《卡拉马佐夫兄弟》

在世界上，一个人还能爱别的什么呢？还有什么别的能像祖国那样永远不变，不容疑惑，值得我们信仰？

——［俄国］屠格涅夫《屠格涅夫论》

只有那些不自作聪明，善于毫无怨尤，不善空谈的完成这类日常工作的人，才能在未来拯救自己的祖国。

——［俄国］屠格涅夫《屠格涅夫论》

只有热爱自己祖国，了解本族人民，为自己所属的民族而自豪的人，才能给世界文化带来民族的贡献，只有在艺术作品里自由而全面地发展本民族的东西，才能使它成为全世界的文化财富。

——［俄国］屠格涅夫《屠格涅夫评传》

无论经受着怎样的贫苦，荣归故国的念头也从来不曾离弃过他，这种念头正是他唯一的支柱。

——［俄国］屠格涅夫《贵族之家》

那草原的风的气味在一瞬间使人记起了祖国，在我灵魂里激起了怀念祖国的焦思。我真想呼吸一下俄罗斯的空气，在俄罗斯的土地上走走。

——［俄国］屠格涅夫《屠格涅夫和他的小说》

为了国家的利益，使自己的一生变为有用的一生，纵然只能效绵薄之力，我也会热血沸腾。

——［俄国］果戈理《果戈理传》

只有热爱祖国，痛心祖国所受的严重苦难，憎恨敌人，这才给了我们参加斗争和取得胜利的力量。

——［俄国］列夫·托尔斯泰《苦难的历程》

我们正带着焦急的心情
倾听祖国的召唤。

——［俄国］普希金《致恰达耶夫》

有两种爱对我们无限亲切，
我们的心从中得到滋补——
一是爱我们可爱的家乡，
二是爱我们祖宗的坟墓。

——［俄国］普希金《普希金传》

如果那儿没有我母亲存在，
我对德国不会想得这样厉害；
德意志永无衰微之时，
可是这位老太太却会仙逝

——［德国］海涅《新诗集》

啊，德意志，我遥远的爱人，
我一想起你，我差不多要流泪！
快乐的法兰西对我显得忧郁，
轻快的国民成为我的重累。

——［德国］海涅《新诗集》

对于每个善感的心
祖国是永远可贵——
黄焖熏鱼加鸡蛋
也真合乎我的口味。

——［德国］海涅《德国，一个冬天的童话》

停在冬季傍晚时漫游的流浪人，
眷恋一杯温暖的热忱的茶，
现在我的心多么的眷恋着你，
我的德意志祖国！

——［德国］海涅《海涅评传》

偶然降生在这个城市里的人如果在远方想到它，就会有一种奇异的愿望。我生在那里，好像我就必须立刻回家去。

——［德国］海涅《海涅评传》

你脸色苍白，如同死人，
然而身已在家，心感快慰。
在德意志祖国的泥土里，
就像在温暖的火炉旁一般安睡。

——［德国］海涅《海涅抒情诗选集》

# 《奋斗篇》

奋斗不是人生一时的冲动，而是人生一世不息的努力。不努力奋斗，总想走捷径，这是天真的想法。在成名的道路上，流的不仅仅是汗水，而是鲜血。有梦想，加上顽强的奋斗，就可能创造出惊人的奇迹。本来无望的事，只要努力奋斗，往往就成功了。认准一条路，一直奋斗下去，就没有征服不了的东西。当一件事经过我们努力而获得成功，即便是很小的一件事，也会使我们无比快乐和幸福。

前进！尽管你摔了跤，你得尽快地站起来！

——［俄国］果戈理《死魂灵》

我现在所需要的是道路，是的，道路，冒着雨，踩着泥泞，穿过森林，跨过草原，去往天涯海角。

——［俄国］果戈理《果戈理传》

没有任何壁垒是人的力量和愿望所不能攻破的。

——［俄国］果戈理《果戈理传》

若要一道命令被确定的执行，要紧的是，一个人应当发出能够执行的命令。

——［俄国］列夫·托尔斯泰《战争与和平》

每个人的灵魂深处都有一颗使他成为英雄的高尚的火花；可是……直到生死攸关的时候，它才会燃烧起熊熊大火，照亮伟大的业绩。

——［俄国］列夫·托尔斯泰《一九五五年八月的塞瓦斯托波尔》

只要坚定不移地向着目标前进，就一定会达到目的。

——［俄国］列夫·托尔斯泰《〈安娜·卡列尼娜〉的创作过程》

我不怕艰难，将走自己的路：

让人人行事凭自己的心愿。

——［俄国］普希金《致巴丘什科夫》

永远骑在马上，永远准备格斗，永远要小心戒备。

——［俄国］普希金《普希金传》

让我们向世人证明：我们是勇敢和恪守誓言的人！

——［俄国］普希金《普希金传》

您不是头一个，也不是最后一个。初出茅庐，老弟，那是要付出不小代价的！

——［俄国］契诃夫《初出茅庐》

我心里有一种热切的渴望，要生活，要奋斗，要工作。

——［俄国］契诃夫《三姐妹》

要同苦日子作斗争，就得有坚强的意志和超人的性格才成！

——［俄国］契诃夫《一败涂地》

要头脑清醒！打定了主意就寸步不让！抓住了不放！

——［俄国］契诃夫《闲人》

一个人只要时时刻刻为一个思想努力，那他就不难达到他的目的。

——［俄国］契诃夫《邻居》

要做到坚韧不拔，最要紧的是坚持到底——关键全在于此！

——［俄国］陀思妥耶夫斯基《白痴》

事情是很简单的，全部秘诀只有两句话：不屈不挠，坚持到底。

——［俄国］陀思妥耶夫斯基《少年》

本来无望的事，大胆尝试，往往能成功。

——［英国］莎士比亚《维纳斯与阿都尼》

一棵质地坚硬的橡树，即便用一柄小斧去砍，那斧子虽小，但如砍个不停，终必把树砍倒。

——［英国］莎士比亚《亨利六世》

……要收获果实，还得待我们去播种。

——［英国］莎士比亚《一报换一报》

一个人的经验是要在刻苦中得到的，也只有岁月的磨炼才能够使它成熟。

——［英国］莎士比亚《维洛那二绅士》

充沛的精力加上顽强的决心，曾经创造出许多奇迹。

——［英国］狄更斯《荒凉小庄》

这位钢铁绅士答应去做，就一定做得到。在这方面，金子和铁是丝毫没差别的。

——［英国］狄更斯《荒凉小庄》

无论哪一种职业，只要是值得从事，就需要我们努力。

——［英国］狄更斯《荒凉小庄》

我非得自己奋斗不可。这没什么！从前很多人都这样做，而且都成功了。

——［英国］狄更斯《荒凉小庄》

能全力以赴去干的事情，绝不只用一只手去干；无论我的作品如何，绝不妄自菲薄；我现在发现这就是我的金科玉律。

——［英国］狄更斯《狄更斯传》

我要能尽一个人的最大努力——坚毅顽强、不折不挠地为自己开拓道路。我过去已经这样做了，今后还得这样做。

——［英国］狄更斯《狄更斯传》

我始终把工作放在生活的首位，（并且）酷爱这项工作，愿为之呕心沥血。

——［英国］狄更斯《狄更斯传》

太阳每一天沉没，人类每一分钟死亡，我们不应当给人人免不了的命运吓住。假如因为听见那公平的脚步在敲别人的门，而把握不住我们自己的命运，我们就要失去世间的一切了。不！前进！需要时不妨狂驰，过得去时不妨缓步，总之要前进！越过一切障碍前进，在比赛中获胜！

——［英国］狄更斯《大卫·科波菲尔》

应该不失时机地依靠坚韧的勤劳，来改善自己在世间的处境。

——［英国］狄更斯《圣诞故事集》

雨点不停地滴，连石头都能穿透，不但石头，连钻石都保不住。

——［英国］哈代《德伯家的苔丝》

既然咱们已经开了头，那我想就不能半途而废。

——［英国］哈代《无名的裘德》

虽然在这个世界上往事百般不如意，然而还应再来一次拼命的努力。

——［英国］哈代《卡斯特桥市长》

一个人必须不断地努力前进，才能保持原有的地位。

——［英国］哈代《贝妲的婚姻》

世界是归强有力者管辖的，应当做强有力者。应当超于一切之上。

——［法国］莫泊桑《莫泊桑》

胜利属于大胆的人。

——［法国］莫泊桑《漂亮朋友》

强者万事如意，连时运也俯首帖耳。

——［法国］福楼拜《情感教育》

趁热打铁，勇往直前，一定成功。

——［法国］福楼拜《情感教育》

只要努力工作，总可以制服命运。

——［法国］福楼拜《萨朗波》

意志难道不是事业成功的主要因素吗?

——［法国］福楼拜《情感教育》

一个人活在世上，应该有与命运较量的勇气，要有创造一番事业的雄心。

——［法国］大仲马《不拉日隆子爵》

我们每个人都处于千钧一发的危险之中。我们不能等待危险的到来，而是迎着危险主动出击。

——［法国］大仲马《阿芒得骑士》

想要奋发，就得做出巨大而又迅速的努力。

——［法国］卢梭《忏悔录》第二部

人要是惧怕痛苦，惧怕种种疾病，惧怕不测的事件，惧怕生命的危险和死亡，他就会什么也不能忍受的。

——［法国］卢梭《爱弥儿》

不断地进行斗争和取得胜利，但是，只要有一刹那的软弱，有一刹那的疏忽，就会永远糟蹋无可指责的一生。

——［法国］卢梭《爱弥儿》

脚跟立定以后，你必须拿你的力量和技能，自己奋斗。

——［爱尔兰］萧伯纳《圣女贞德》

我需要的是一切我能得到的力量来支持我，是像石头一类的东西，像铁一类的东西，不管多残酷，我需要的是这个。

——［爱尔兰］萧伯纳《伤心之家》

世界上有成就的人都是能放开眼光找他所需要的境遇的人，要是找不着，就自己创造。

——［爱尔兰］萧伯纳《华伦夫人的职业》

一个人要真正掌握科学，就得把手套摘掉，好好干一番，一知半解、隔靴搔痒是不行的。

——［爱尔兰］萧伯纳《卡歇尔》

认定一条路，一直走到底，倒也是个办法。

——［爱尔兰］萧伯纳《华伦夫人的职业》

只要你肯努力自学，便可以有相当的进步。

——［美国］德莱塞《堡垒》

人生就是一场战斗。你如果要获得什么，就须奋斗着去求取它。

——［美国］德莱塞《珍妮姑娘》

顺境也好，逆境也好，人生就是一场对种种困难的无尽无休的斗争，一场以寡敌众的斗争。

——［印度］泰戈尔《沉船》

阻力是一定会有的，可是我们必须奋斗到底，绝不要灰心。

——［印度］泰戈尔《家庭与世界》

从狭小的世界到广大的世界去的路上，是有风多浪的。

——［印度］泰戈尔《家庭与世界》

如果你们不努力上进，超过一般的人，那么你们只有落在别人的后边。

——［印度］泰戈尔《戈拉》

我的孩子，不要朝后看，不要犹豫，不管等待着你的是什么样的命运都要勇敢地去接受它，欢欣鼓舞地朝前迈进。

——［印度］泰戈尔《戈拉》

最伟大的胜利——就是战胜自己。

——［苏联］高尔基《报仇》

要使理想的宫殿变成现实的宫殿，必须通过埋头苦干、不声不响地劳动，一砖一瓦地去建造。

——［苏联］高尔基《忏悔》

# 《成败篇》

成功就是战胜艰难险阻取得奋斗的成果。成功的第一个条件是要有信心，第二个条件是真正的虚心。只有具备前者，才能坚持不懈；只有具备后者，才能吸取经验教训。成功不是一帆风顺的，都要经历障碍、挫折，甚至失败，最后才能起死回生。没有梦想的人不会成功，没有坚强意志的人不会成功；不经过挫折失败的人不会成功，不经受冷言讽语的人不会成功。失败了并不可怕，可怕的是不能从失败中吸取教训。失败不该成为颓丧、一蹶不振的借口，而应成为激活动力的加油站。急躁的人一旦失败，便会疲惫不堪，失去信心；沉着稳重的人能够把失败当作重整旗鼓的号角。失败时不垂头丧气，成功时不得意忘形，这才是真正的成功者。

冒险的步骤通常会有成功的结局。

——［波兰］显克微支《你往何处去》

要完成如此功业，那就得要点儿谋算，不能只靠个人的铁腕。

——［波兰］显克微支《火与剑》

即使最淡泊自甘的人，当见到自己的辛劳得到了肯定，自己的忠诚得到了承认，自己的善良得到了偿报，也是令人心怀激动的。

——［波兰］显克微支《洪流》

从古至今一切创造者，可悲的奠基人，总是被人遗忘，只有幸运的成功者名扬后世。

——［奥地利］茨威格《麦哲伦的功绩》

在成功的时候，总比在倒霉的时候容易做到处世公正。

——［奥地利］茨威格《麦哲伦的功绩》

一个人既勤奋、又聪明，同时还节约成性，迟早会挣得一副家产，我觉得对此无须做特别的哲学上的探讨。

——［奥地利］茨威格《爱与同情》

一个人要有大的成功，就不得不有点谋略。

——［美国］德莱赛《珍妮姑娘》

人们往往会在已定局的失败中产生拼命的冲动，从受到挫折的、灭绝希望的意会中最后萌发出一股力量。

——［美国］德莱赛《嘉莉妹妹》

一个人精神上失败了，那才是一败涂地了。

——［美国］德莱赛《嘉莉妹妹》

有许多人就是因为成功的太迅速而失败的。

——［美国］德莱赛《嘉莉妹妹》

假使你打算获胜，往往不得不采取强硬的手段。

——［美国］德莱赛《巨人》

如果他当真希望成功，他的行为就必须正派。

——［美国］德莱赛《天才》

假若你们坚持，你们就一定胜利。

——［爱尔兰］萧伯纳《苹果车》

所谓成功，必须是真正的成功，真正的本领，真正的才干，真正的力量，不仅是报纸上的孚众望而已，也不仅仅是得金钱而已。

——［爱尔兰］萧伯纳《萧伯纳情书100例》

因为我对成败看得很淡，所以我能冷静，这是任何伟大工作所必需的条件。

——［英国］哈代《贝妲的婚姻》

成功的意思是得到一个人自己所要的东西。

——［英国］哈代《贝妲的婚姻》

成功的第一个条件就是要有决心；而决心要下的迅速、干脆、果断，又必须具有成功的信心。

——［法国］大仲马《玛尔戈王后》

女人只有失败了才坚强起来。

——［法国］大仲马《玛尔戈王后》

失误并非过失，一次失败，两次成功。

——［法国］大仲马《二十年后》

要取得成功，不但要行动迅速，而且要保持肃静。

——［法国］大仲马《双雄记》

凡是那些成功的人，都是经过长期的计划和小心安排的。

——［法国］大仲马《基度山伯爵》

凡是那些需要当机立断，果敢执行的计划，我们在完成前的顾虑，就是成功的唯一障碍。

——［法国］大仲马《基度山伯爵》

我以失败开始了文学生涯，正像我以失败开始我的爱情生活一样，而它的失败比那悄悄失败的爱情更加可怕，然而，它是确实的，是我亲眼所见的。

——［法国］大仲马《浪荡天才——大仲马回忆录》

意志难道不是事业成功的主要因素吗？

——［法国］福楼拜《情感教育》

造就出伟大的人物的，则是伟大的时势。

——［法国］卢梭《论科学与艺术》

爱情、尊敬、真诚，这就是我取得成功的原因。

——［法国］卢梭《忏悔录》

当一个人一心一意做好事情的时候，他最终是必然会成功的。

——［法国］卢梭《爱弥儿》

我不愿意使用卑劣无耻的手段，但是，我将不惜一切去争取胜利。

——［法国］司汤达《红与白》

好运在敲您的门，您应该立即拿定主意。如果您不开门，它就去别处了。

——［法国］司汤达《红与白》

机运有时作为对许多痛苦的补偿，赐予生来十分敏感者瞬息即逝的时刻。

——［法国］司汤达《阿尔芒斯》

各种事情一旦遭到失败，看起来都是愚蠢的。

——［俄国］陀思妥耶夫斯基《罪与罚》

事在人为嘛，只因为他胆小，才错失了时机……这是一条无可置疑的真理。

——［俄国］陀思妥耶夫斯基《罪与罚》

如果你不犯十四次错误，那就得不到一个真理。

——［俄国］陀思妥耶夫斯基《罪与罚》

当一个人为一件事狂到利令智昏之时，他便不会胜利。

——［俄国］陀思妥耶夫斯基《赌徒》

待机而动，定告成功。

——［俄国］陀思妥耶夫斯基《孪生兄弟》

事不宜迟，尽快去创造奇迹，建立功勋。

——［俄国］陀思妥耶夫斯基《庄院风波》

# 《希冀篇》

希望是生命的灵魂，是指路的明灯；希望是助力幸运者的加速器，是挽救不幸者的良药。希望会使你变得更加年轻，因为希望与青春是同母生；希望会使你生活更加美满，因为希望与美满是同根连。在人生的征途中，指引你永远前进的既不是财富，也不是地位，而是一团希望之火。希望的灯一旦熄灭了，生活的天地里立刻就会变成一片黑暗。只要希望之火不灭，就会有朝一日燃起熊熊烈火。让我们充满希望吧！

你的生活虽然仅仅只是开始，但每一个黎明都无不给你的生活带来更纯洁的希望。

——［法国］大仲马《基度山伯爵》

如果还孕育着某种希望的人，是不会自杀的。

——［法国］大仲马《基度山伯爵》

一有了希望，忍耐心也跟着回来了。

——［法国］大仲马《基度山伯爵》

在上帝揭露人的未来以前，人类的一切智慧是包含在这四个字里面的：“等待”和“希望”。

——［法国］大仲马《基度山伯爵》

我什么也不以为，我只是希望，因为人的心里总存有希望，直到人进坟墓为止。

——［法国］大仲马《基度山伯爵》

只要给他一点希望，他就会耐心等待。否则，一旦他陷入绝望的话，就会走极端。

——［法国］大仲马《蒙梭罗夫人》

急迫的希望有时也像恐惧一样，使人心焦如焚。

——［法国］大仲马《蒙梭罗夫人》

当一个人所寄托的希望落空时，他就会铤而走险，火中取栗。

——［法国］大仲马《阿斯加尼奥》

每一个人对于明天都有所希冀。每一个人对于未来总有个目的和计划。

——［波兰］显克微支《十字军骑士》

还是抱着希望的好，因此我绝不失望。虽然心焦如焚，希望仍是不灭……

——［波兰］显克微支《十字军骑士》

与其悲伤，还不如抱着希望。

——［波兰］显克微支《十字军骑士》

希望复活了，好像闪闪烁烁的余烬里添上了木材，火又旺了起来。

——［波兰］显克微支《十字军骑士》

从绝望到希望，人的日子容易过，于是，劳苦人心间一下子又兴起好的兴头。

——［波兰］显克微支《洪流》

如果我还不希望真理代替荒谬，爱情代替仇恨，美德代替罪恶，诚实代替背信弃义，恩惠代替报复来统治世界，我又算是怎么一种人呢？

——［波兰］显克微支《你往何处去》

把希望寄托在明天。

——［波兰］显克微支《火与剑》

希望夸大到疯狂的程度，不可避免地会产生反作用。

——［奥地利］茨威格《爱与同情》

一个人如果失掉了目的和希望，他就会由于苦恼而变成一个恶魔。

——［俄国］陀思妥耶夫《死屋手记》

一个没有了希望的人，心目中是一片空白。

——［俄国］陀思妥耶夫《赌徒》

黑夜无论怎样悠长，白昼总会到来的。

——［英国］莎士比亚《麦克白》

希望中的快乐是不下于实际享受的快乐的。

——［英国］莎士比亚《理查二世》

我们因为希望达到我们所追求的目的，往往发出违心之论。

——［英国］莎士比亚《一报还一报》

希望是不幸者唯一的药饵。

——［英国］莎士比亚《一报还一报》

# 《青年篇》

青年是一个响亮而富有活力的名称，但它也充满着艰辛和拼搏。青年时期是学习上进的最佳时期，同时也是践行的开端时期。对于青年来说，锻炼身体与充实头脑同样重要。青年喜欢与梦想做伴，立志追求真理，发誓创造世界。年轻时期培养的良好习惯，一生受益。一个人有无成就决定于他青年时有无远大志向和锲而不舍的精神。青年时易犯错误，如果不及时改正，任其下滑下去，就会酿成大祸，后悔莫及。青年时易冲动、鲁莽，老年时方吃悔恨药。青年如果消失了斗志，没有了梦想，无所追求，那么他的一生就是毫无意义的。

勤勉的青年人是法兰西的希望，我十分尊重他们，所以我必须以真理的严正语言来和他们谈话。

——［法国］司汤达《拉辛与莎士比亚》

伟大的胜利的一天终要到来，法国青年一代也将要觉醒。

——［法国］司汤达《拉辛与莎士比亚》

青年是能够摆脱这种由于自尊心而犯的错误的。他们的心灵对强烈印象具有感受力，戏剧欣赏的愉快会使他们抛开虚荣。

——［法国］司汤达《拉辛与莎士比亚》

在年轻人中间往往有一种真实自然、无关大局、事后不必假正经一番的感情冲动。

——［法国］司汤达《红与白》

一个人只要他有纯洁的心灵，无愁无恨，他的青春时期，定可因此而延长。世间上有许多漂亮的女人，心中忧虑过多，年龄未老，而美貌已经消失了。

——［法国］司汤达《红与黑》

一个年轻人最主要的品质就应该是不容易感情冲动和没头脑。

——［法国］司汤达《巴马修道院》

一个年轻人，有钱，从小就受到谄媚奉承的人包围，一旦虚荣心受到伤害，是会干出过火的事情来的。

——［法国］司汤达《巴马修道院》

那富有朝气的活泼性格和能经受穷困熬煎的无忧无虑的率真态度，是这个谦和的年轻人的唯一财富。

——［法国］司汤达《卡斯特洛的女修道院长》

让年轻人在荆棘丛中留下一点羽毛，是有益于健康的。年轻人不至于那么蠢，翻几个筋斗之后，不会不自己站稳脚跟的。

——［法国］罗曼·罗兰《母与子》

青年人对于暴风雨时代的艺术和思想都存在着猜忌的敌意。

——［法国］罗曼·罗兰《约翰·克利斯朵夫》

青年时期拼命的努力，为的是要控制自己；顽强的奋斗，为的是要争取自己生存的权利，为的是要在种族的妖魔手里救出他的个性。即便是胜利以后，还得夙夜警惕，守护她的战利品，同时还不能让胜利冲昏了头脑。

——［法国］罗曼·罗兰《约翰·克利斯朵夫》

最大的愚蠢，年轻人最不能原谅的愚蠢，便是在灰白的头发底下保留二十岁的头脑！

——［法国］罗曼·罗兰《搏斗》

年轻人之不近人情，是很自然的现象。

——［法国］罗曼·罗兰《搏斗》

一个年轻人是不愿意躲在地道里的。对生活的爱激励着他。

——［法国］罗曼·罗兰《罗曼·罗兰回忆录》

不认识自己的幼稚的人是一点也不聪明的。对于青年人来说，这种无知是可以原谅的，虽然他们更没有理由可以骄傲并神气活现。

——［法国］罗曼·罗兰《罗曼·罗兰回忆录》

唉，那是青年时代，信任和豪爽的季节，那个时候，意气风发，热血沸腾……

——［法国］大仲马《布拉日隆子爵》

哪里有青春和美丽，哪里就有开心的消遣。

——［法国］大仲马《布拉日隆子爵》

人在年轻的时候，日子总是更为美好。

——［法国］大仲马《布拉日隆子爵》

年轻一代则不同，他们沉浸在追求爱情与光荣的业绩中，他们正在体验着不可言喻的欢乐和难以摆脱的痛苦：总之，他们是在开创生活而不是在缅怀往事。

——［法国］大仲马《布拉日隆子爵》

青春是一朵花，由它而结出爱情的果实。你看着它渐渐地成熟，将它采下，这该是多么的幸福。

——［法国］大仲马《基度山伯爵》

青春是多么迷人，青春的回忆又是多么强烈啊！

——［法国］大仲马《阿斯加尼奥》

年轻人不懂得克制自己的情感，她从绝望转而又盲目乐观起来；对于她来说，天上不外乎两个样子，暴风雨或是艳阳天。

——［法国］大仲马《阿斯加尼奥》

青年时期，那就是有着清新的晨曦和美丽暮色的春天；即使有时候天空中刮起一阵暴风雨，霹雳一声，雷电交加，很快就雨过天晴，苍穹比刚才更加湛蓝，空气比刚才格外明净，大自然比刚才越发显得妩媚动人。

——［法国］大仲马《双雄记》

尽管世界和人生坏透了，其中都有一件东西永远是好的，那便是青春！

——［波兰］显克微支《你往何处去》

不但在我们王国，就是在任何国家，年轻人都不免有些鲁莽；高贵的骑士既不会用宝剑，也不会用法律来向孩子们战斗的。

——［波兰］显克微支《十字军骑士》

风只能吹弯小树，却会折断老树！

——［波兰］显克微支《十字军骑士》

年轻的活力，坚实的体魄，战胜了他内在的一切病痛。

——［波兰］显克微支《火与剑》

虽然你还年轻，但你是名军人。这就是说，哪怕到了你年老，即使前面已经接近了坟墓，未必你就能尽知在那最后时辰的前一刻，究竟会有何等样的打击在前面等着你，年轻，意思就是你前面还有很长很长岁月，还必得面临许多许多艰险。

——［波兰］显克微支《火与剑》

青年易变就像空中的月亮变化无常，多愁善感；爱情就像一轮多变的月亮，看来渐渐亏损，却正越趋团圆。

——［波兰］显克微支《战场上的婚礼》

你的心灵多么纯洁，还不知道忧郁，

年轻人的良知像晴天一样明洁。

——［俄国］普希金《普希金在流放中》

青春比鸟还自由，
什么人能够把爱情阻挠？
快乐轮番地赐予一切人，
过去的一切将不再来到。

——［俄国］普希金《茨冈人》

你的青春如蓓蕾含苞欲放，你的美貌使一切佳丽相形见绌。

——［俄国］普希金《普希金娜的故事》

青春的年华会匆匆飞逝，心灵的火焰会变得冰冷。

——［俄国］普希金《叶甫盖尼·奥涅金》

等青春的轻飘的烟雾
把少年的欢乐袅袅曳去，
那么到老了，我们就取得
一切能从它吸取的东西。

——［俄国］普希金《忠告》

你在哪里，年轻的希望
和心灵的恬静的醉人的刹那！
啊，灵感的火焰和眼泪哪里去了？
还是回来吧，我春日的年华！

——［俄国］普希金《我毫不惋惜你》

顺随生命的瞬息过程吧，
在年轻的时候，你该年轻！

——［俄国］普希金《给托尔斯泰的四行诗节》

我们的青年是一种正在不断成长，不断上升的力量，它们的使命是根据历史的逻辑来创造新的生活方式和生活条件。

——［苏联］高尔基《高尔基论青年》

人的一切丑恶品质中，青春是最可爱的。

——［苏联］高尔基《克里姆·萨姆金的一生》

勇敢产生在斗争中，勇气是在每天对困难的顽强抵抗中养成的。我们青年的箴言就是勇敢、顽强、坚定。就是排除一切障碍。

——［苏联］奥斯特洛夫斯基《奥斯特洛夫斯基两卷集》

# 《生活篇》

生活是一个大课堂，我们每个人都是这个大课堂里的小学生。只有学习、摸索，才能过好每一天。生活对于我们每个人来说，不完全是享受，而是迎接一个个的挑战。不经历青年时的奇思妙想、中年时的脚踏实地、老年时的安逸休闲，生活就不够十全十美。苦难里可以找到生活的甜蜜，挫折里可以找到生活的出路，失败中可以获得生活的经验。生活不是一成不变的，它有时阴暗，有时光明；有时酸甜，有时苦辣。因此必须对生活充满期待和信心。悟到生活的意义而活在世上，这才是一个真正的现实主义者。生活如果缺少一个明确的目标和方向，就不是生活，而是一种负担。谁不会爱，不懂付出，谁就不理解生活。一个人如果一味地追求物质生活而忽视或放弃精神生活，那他就不会成为一个道德高尚的人。最大的悲哀不是你选择了一定的生活方式，而是你让死板的生活方式牵着你走。

生活是一片小坡，向上爬的时候眼睛瞧着山巅，因此心里觉得幸福；可是一到山巅，这才猛然瞥见了下去的道路和终点：死亡。爬上的时候是缓慢的，下来的时候却走得快了。

——［法国］莫泊桑《漂亮朋友》

人在生活的过程中总有值得回忆的收获，譬如意料不到的变化，甜美的或者悲苦的爱情，冒险的旅行……

——［法国］莫泊桑《散步》

对生活失去了幻想，心情就会逐渐变得忧郁。

——［法国］莫泊桑《一生》

生活有时也会是丑恶的。

——［法国］莫泊桑《两兄弟》

对于生活，应当照它的来势去接受。

——［法国］莫泊桑《茨威获》

生活好比一条长河，再浑浊的河水也有洁净的源头。

——［法国］大仲马《王后的项链》

生活是一个资本，人应当尽可能巧妙地把它投放出去。

——［法国］大仲马《布拉日隆子爵》

在生活的沉舟里——因为生活永远是我们希望的沉

舟——我们的一切无用的拖累都投掷到海里，只是如此而已。

——［法国］大仲马《基度山伯爵》

研究我不能懂得的事物，获得无法获得的东西，这就是我生活的目标。

——［法国］大仲马《基度山伯爵》

世俗的和肉欲的杂念总是不断地分散和扰乱我们对生活在人间的甜美感觉。

——［法国］卢梭《一个孤独的散步者的遐想》

生活得最有意义的人，并不就是年岁活得最大的人，而是对生活最有感受的人。

——［法国］卢梭《爱弥儿》

生活就是爱。

——［法国］卢梭《忏悔录》第二部

在生活中迈步犹如在泥泞中行走。

——［法国］雨果《雨果传》

人有了物质才能生存；人有了理想才谈得上生活。你要了解生存与生活的不同吗？动物生存，而人则生活。

——［法国］雨果《莎士比亚论》

生活，就是理解。生活，就是面对现实微笑，就是越过障碍注视将来。生活，就是自己身上有一架天平，在那上面衡量善与恶。生活，就是有正义感，有真理，有理智，就是忠矢不渝、诚实不欺、表现如一、心智纯正、并且对权利与义务同等重视。生活，就是知道自己的价值，自己所能做到的与自己所应该做到的。生活，就是理智。

——［法国］雨果《莎士比亚论》

生活是一场艰苦的斗争，每天都得来过一次，永远不能休息一下，要不然，你年复一年，一寸一尺的苦苦挣来的，就可能在一刹那间前功尽弃。

——［法国］罗曼·罗兰《约翰·克利斯朵夫》

一个人生气蓬勃的时候绝不问为什么生活，只是为生活而生活——为了生活是桩美妙的事而生活！

——［法国］罗曼·罗兰《约翰·克利斯朵夫》

一个人应该体验当代的生活，哪怕这生活是喧闹的、糜烂的；应当一刻不停地吸收，一刻不停地给，给，然后再接受……

——［法国］罗曼·罗兰《约翰·克利斯朵夫》

归根结底，生活是一场战争。一切权力属于胜利者！如果战败者同意这样做，那就是他也从中有利可图。

——［法国］罗曼·罗兰《母与子》

人需要唱歌。生活是一个主题，可以编成形形色色的歌调。让我们唱吧！

——［法国］罗曼·罗兰《母与子》

没有笑声和友好的握手，生活就没有什么意思。

——［法国］罗曼·罗兰《内心的历程》

生活又方便，又宽裕，就像他们的绸缎衣服一样，同时又暖和，又皎洁，就像他们观赏的温馨的星夜一样。

——［法国］福楼拜《包法利夫人》

为了使个人趋于完善，首先必须改变人们的生活条件……

——［俄国］列夫·托尔斯泰《舞会以后》

每一个人的生活有两方面：一、他的个体生活，这生活的兴趣越抽象，就越自由；二、他的基本的群体生活，他在这里边不可避免地遵守为他规定下的法则。

——［俄国］列夫·托尔斯泰《战争与和平》

如果人们生活的目的不同，生活的内容不同，那么这个不同就必定会反映到她们的外表上来，她们的外表也将各异。

——［俄国］列夫·托尔斯泰《克莱采奏鸣曲》

生活中哪能不经风雨？

——［俄国］屠格涅夫《烟》

生活本来就不是什么别的，只不过是经常克服矛盾而已。

——［俄国］屠格涅夫《回忆录》

生活是无休无止、形形色色的，而且是从来不会重复的。

——［俄国］屠格涅夫《好斗之士》

生活真不可思议，说不定什么时候，它的轮子就会转向！

——［俄国］屠格涅夫《春潮》

头脑里只有一个念头，生活里只有一个目标和一件事情的人，是多么可笑啊……

——［俄国］屠格涅夫《村居一月》

生活不断更新，永葆青春，其中没有一时一刻与别的时刻雷同。

——［俄国］陀思妥耶夫斯基《白夜》

谁最会哄骗自己，谁才能生活得最快乐。

——［俄国］陀思妥耶夫斯基《罪与罚》

生活就是天堂，我们大家都活在天堂里，可是我们却不愿意知道这个，如果愿意知道，那么明天全世界就都会成为天堂了。

——［俄国］陀思妥耶夫斯基《卡拉马佐夫兄弟》

生活是极大的喜悦，而不是含泪的驯顺。

——［俄国］陀思妥耶夫斯基《卡拉马佐夫兄弟》

大家全生活着，现实地，而不是幻想的生活着；因为痛苦也就是生活。没有痛苦，生活里还有什么愉快，那就会完全变成没完没了的祈祷仪式，这固然神圣，但未免有点无聊。

——［俄国］陀思妥耶夫斯基《卡拉马佐夫兄弟》

自觉的生活如果缺乏明确的世界观，就不是生活，而是一种负担，一种可怕的事。

——［俄国］契诃夫《契诃夫论文学》

生活是按它自己的方式自然地发展的，因此没有人在不自然地喊叫，而是每一个人都用小号吹出他该吹的调调。

——［俄国］契诃夫《安·巴·契诃夫和他的时代》

生活自会消化一切，既不要人帮忙，也不要人同意。

——［俄国］契诃夫《游猎惨剧》

生活是恼人的牢笼。一个有思想的人到成年时期，对生活有了成熟的感觉，他就不能不感到他关在一个无从脱逃的牢笼里面。

——［俄国］契诃夫《第六病室》

生活是可憎的！生活的卑劣是它不可变更的永恒规律！……把生活赐给人类，就是为了惩罚人类的庸俗。

——［俄国］契诃夫《不必要的胜利》

我们的生活是什么？是栖息痛苦的幽谷。人世是什么？是麻木不仁的芸芸众生。

——［俄国］果戈理《死魂灵》

一个人如果老是过着悠闲生活，是会变得孤独粗野起来的。

——［俄国］果戈理《死魂灵》

当生活被忧伤与空虚的欲望所毒化了的时候，这算什么生活！当欢乐已经荡然无存的时候，生活当中还有什么值得留恋的呢？

——［俄国］普希金《我们在别墅里度过了一夜……》

生活是够奇怪的。你从来不能预料会发生些什么。

——［美国］德莱塞《天才》

在生活变得越来越舒适的时候，就越来越深刻地感觉到生活多么有力而热切地为人类爱好奢侈的心情服务。

——［美国］德莱塞《天才》

不论在最好还是最坏的时候，生活都是美丽的、雅致的、繁荣的。尽管他会变得年老、会呻吟、抱怨、退缩、干枯，可是生活照样闪耀着光彩。他也许会斗争，可是它不在乎；他也许会失败或者死亡，可是它不会。

他是微不足道的。

——［美国］德莱塞《天才》

热情奔放而又富于幻想！生活也许终究属于以旺盛精力和天才来追求生活的人。

——［美国］德莱塞《锁链》

生活不是为了千篇一律而是为了多样化才安排下来的。在化学上它本来就是一个不定的方程式。人类是这样，社会也是这样。

——［美国］德莱塞《奥李芙·布兰德》

强加到身上的生活，不仅是一个不可解决的秘密，并且往往是一个完全不值一顾的秘密。

——［美国］德莱塞《奥李英·布兰德》

生活仿佛是贯穿着无法解释的、注定的命运，有些是美丽的，有些是可怕的，或者是可耻的、残忍的。

——［美国］德莱塞《斯多噶》

正是这种伟大的、强有力的生活，怎样快意地去感受也不过分的生活，是只有爱才能去理解，只有献身精神才能去拥抱的。

——［奥地利］茨威格《奇妙之夜》

即使是要自杀的人，也总是想弄明白生活的真谛是什么。

——［奥地利］茨威格《同情的罪》

生活是艰辛的，对一切不满足于碌碌无为的人来说，生活是一场经常不断的斗争。

——［奥地利］茨威格《罗曼·罗兰传》

生活是多姿多彩的，除了谎言和诡计之外，即便是惊险之中也不乏美的韵味。

——［奥地利］茨威格《抉择》

生活的唯一目的是，为无限修筑一条有限的堤坝。

——［印度］泰戈尔《泰戈尔评传》

生活不是一条人造的运河，不能把它禁锢在几条规定好的河道之中。只要我们一旦在自己的生活中看清楚这一点，我们就不会受任何谎言的欺骗了。

——［印度］泰戈尔《戈拉》

我的存在，对我是一个永久的神奇，这就是生活。

——［印度］泰戈尔《飞鸟集》

生活本身就是五花八门的矛盾集合——有自然的也有人为的，有想象的也有现实的。

——［印度］泰戈尔《胜与败》

人的生活就是这样——真实和虚构混杂在一起。这种虚构，有的是上苍造成的，有的是自己产生的，有的则是周围人们制造的。

——［印度］泰戈尔《胜与败》

生活是一场永恒的战斗。

——［爱尔兰］萧伯纳《卡歇尔·拜伦的职业》

在生活这场战斗中，卑怯者要么活受罪，要么被击败；恶棍背叛其支持者，卖身求荣；勇于战斗、善于战斗的人可以赢得奖赏。

——［爱尔兰］萧伯纳《卡歇尔·拜伦的职业》

生活促使我们各自要企求一个能够足以信赖的、生活上的向导。

——［爱尔兰］萧伯纳《卡歇尔·拜伦的职业》

你要是不能忍受我这种生活的冷淡和紧张，你就回到马路上去吧。

——［爱尔兰］萧伯纳《匹克梅梁》

生活就好比打仗，它的规律很简单，不要坐失良机。

——［苏联］高尔基《可笑的奇闻》

善于在生活中辨明方向和选择牢固的立足点谈何容易，而对这一切的理解却往往会使心灵变得软弱无力。

——［苏联］高尔基《他的发现》

生活是一个宏伟的竞技场，大家尽可以在那里进行夺取胜利的较量，但必须老老实实地遵守比赛规则。

——［苏联］帕斯捷尔纳克《日瓦戈医生》

正如一次雷电或一次地震会打垮了一座庙堂，那么同样也许有一种不幸会毁坏了生活，不过生活本身是由简单而和谐的线条组成的，没有什么错综复杂。

——［波兰］显克微支《你往何处去》

一个人在生活厌烦的时候，他是不会想到写信的。

——［波兰］显克微支《你往何处去》

## 《幸福篇》

幸福在于对事物的体会，而不在于事物本身。被人爱是幸福，爱别人同样是幸福，而且得到的是双重幸福。幸福要靠自己去创造，去寻觅，不要靠别人和上帝的恩赐。凡是能滋润人们精神的东西都会给人们带来幸福。能够与别人在思想上、情感上、观点上、信仰上得到共鸣，这是世界上最大的幸福。幸福生活来临时，人们往往不注意，一旦失去时，才后悔莫及。一个人脱离实际，凭空想象出来的幸福，那不是幸福，而是一首狂想曲而已。

幸福的人只重视极大的欢乐，而不幸的人连最微小的希望都紧紧抓住不放。

——［法国］大仲马《布拉日隆子爵》

一个真正钟情的情人只有一种时候是幸福的，那就是能见到和占有心上人的时候，而分离的时候总是痛苦的。

——［法国］大仲马《玛尔戈王后》

凡是能够滋养她精神的东西都能给她带来幸福。

——［法国］司汤达《拉米艾尔》

幸亏她对爱情是无知的，所以她是完全幸福的人。

——［法国］司汤达《红与黑》

她是太幸福了，心里找不出一点儿坏念头。

——［法国］司汤达《红与黑》

有生以来，这是第一次尝到幸福的滋味。他的心这时候为自由的幸福和他的好梦而沉醉了。

——［法国］司汤达《红与黑》

她是如此的幸福，因为这个时候，在她的心里已经没有爱情的存在了。

——［法国］司汤达《红与黑》

征求别人的意见，向第一个来人倾诉痛苦，可能是一种幸福，这种幸福可以和一个穿过一片炎热的沙漠的人，忽然从天上得着一滴冰凉的雨水所感觉着的幸福相比。

——［法国］司汤达《红与黑》

幸福会加强爱情。

——［法国］司汤达《巴马修道院》

好好地享受幸福吧，免得在失去它以后像个孩子一样后悔不已。

——［法国］司汤达《红与白》

一个人对幸福所能带来的麻烦，只有在确信幸福存在的时候才看得到它。

——［法国］司汤达《费代》

只有狂者是幸福的，因为他失却了现实的感觉。

——［法国］莫泊桑《莫泊桑》

她感到很幸福，因为她自己能够被人爱到这个地步，这么崇拜，这么坚定，这么富有诗意，而且是这么忠诚，赴汤蹈火也在所不辞。

——［法国］莫泊桑《旅途上》

幸福是深刻的东西，要慢慢地刻在青铜铸成的心上。

——［法国］雨果《雨果戏剧选》

要是乱撒欢乐的鲜花，就会把幸福也吓得飞到九霄云外去了。幸福的微笑是眼泪多于笑声呵！

——［法国］雨果《雨果戏剧选》

承担更大的责任，他们就更加幸福。

——［法国］雨果《雨果诗选》

从梦幻中清醒过来是多大的幸福呀！

——［法国］雨果《笑面人》

这种幸福逐渐上升到再也不能增加的程度。有一个词儿是形容这种程度的——绝顶。幸福像海水一样到达最高潮。对于那些十分幸福的人，最足以担心的是海水又退下去。

——［法国］雨果《笑面人》

一个人不会因幸福而死。

——［法国］雨果《安琪罗》

对于一般懦弱而温柔的灵魂，最不幸的莫如尝到了一次最大的幸福。

——［法国］罗曼·罗兰《约翰·克里斯多夫》

幸福是在一切圣徒之上的至圣者！但是一个人必须配得上它，才能接近它。祝福那严厉的纪律吧，它使我跟幸福隔离了好久才能获得它。

——［法国］罗曼·罗兰《内心的历程》

只有一个有限的生命，一条唯一的道路，只要满足单一的需要，这样的人是幸福的。

——［法国］罗曼·罗兰《母与子》

付出重价得来的幸福，只能使人更好地去享受它。

——［法国］罗曼·罗兰《母与子》

幸福就在于不断地追下去。

——［美国］德莱赛《巨人》

善良的、衷心的、心里充满着爱的人儿不断地给人间带来幸福。

——［美国］马克·吐温《镀金时代》

苦难要是完结了，好日子就会到来。

——［美国］马克·吐温《王子与贫儿》

我不再追求幸福，生活本身比幸福还要高贵。

——［爱尔兰］萧伯纳《康蒂妲》

能够靠自己爱好的东西来维持生活，真是够幸福的。

——［爱尔兰］萧伯纳《卖花女》

既然你已经发现生命不是一出滑稽戏，而是一种十分敏锐严肃的一回事，那么你的幸福的前途，还有什么阻碍呢？

——［爱尔兰］萧伯纳《武器与武士》

只有从无限深重的疑惑中升华出来的幸福，才能达到最高的顶峰。

——［奥地利］茨威格《麦哲伦的功绩》

我觉得，这里最大的幸福，也许是世界上最大的幸福，就是和平和安静。

——［奥地利］茨威格《麦哲伦的功绩》

只有善于创新的天才，才能享受到幸福：看到自己的理想实现了。

——［奥地利］茨威格《麦哲伦的功绩》

强烈的幸福感也像一切使人陶醉的东西那样同时含有麻醉的作用。拼命享受眼前的一切，每每会让人忘记过去的种种。

——［奥地利］茨威格《爱与同情》

正如光明从太阳来的，同样幸福是来自爱情。

——［波兰］显克微支《你往何处去》

幸福的人才能给你幸福。只有这样的人才能给你带来好运气。

——［波兰］显克微支《十字军骑士》

我不能给你幸福，也不能给别人幸福；因为我自己所没有的东西，就不能给别人。

——［波兰］显克微支《十字军骑士》

幸福不过是一场痛苦的大戏曲偶然的插曲而已。

——［英国］哈代《卡斯特桥市长》

有些一下得到幸福的人，一心只怕不能活着享受，焦虑而死。

——［英国］哈代《还乡》

可是最不幸福的是那抱着巨大的希望而不能达到心愿的人；那些虽然贫者，却有充分自由实现他们诚实的意志的人们是有福的。

——［英国］莎士比亚《辛白林》

幸福是一个轻薄的姑娘，
不爱老是待在一个地方。
她抚摸你额上的头发，
慌忙地吻你，就逃得不知去向。

——［德国］海涅《罗曼采罗》

幸福这东西就像星星一样，黑暗是遮不住它们的，总会有空隙可寻。我们在人生的历程中，不管犯了多少过错，产生过多少误解，然而，在过错和误解的空隙之中，不正闪烁着幸福之光吗？

——［印度］泰戈尔《诀别之夜》

有生活的时候就有幸福。

——［俄国］列夫·托尔斯泰《战争与和平》

人是为了幸福而创造的，幸福在他的内心中，在满足人类简单的需要中，一切不幸并非由于穷乏，而是由于过剩。

——［俄国］列夫·托尔斯泰《战争与和平》

幸福并不在于外在的原因，而是以我们对外界原因的态度为转移，一个吃苦耐劳惯了的人就不可能不幸。

——［俄国］列夫·托尔斯泰《童年·少年·青年》

被人爱和爱别人是同样的幸福，而且一旦得到它，就够受用一辈子。

——［俄国］列夫·托尔斯泰《哥萨克》

应该多行善事，为了做一个幸福的人。

——［俄国］列夫·托尔斯泰《一个地主的早晨》

爱和善就是真实和幸福，而且是世上唯一的真实存在和唯一可能的幸福。

——［俄国］列夫·托尔斯泰《一个地主的早晨》

人，只有当他愉快地学会洞察“自己周围那种永远变化、永远伟大、不可思议、悠远无尽的生活时”，才会感到幸福。

——［俄国］列夫·托尔斯泰《托尔斯泰传》

我们的幸福与否，决不能凭借我们获得了或是丧失了什么，而只能在于我们自身怎样。

——［俄国］列夫·托尔斯泰《托尔斯泰传》

如果一个人懂得幸福在于爱，那么他就会生活在爱的感情之中。

——［俄国］列夫·托尔斯泰《俄国作家批评家论列夫·托尔斯泰》

幸福的人把欢乐与人共享，
聪明的人独自去体验感情。

——［俄国］普希金《〈叶普盖尼·奥涅金〉别稿》

幸福的是在陋室中，
无须为幸福祈求。

——［俄国］普希金《梦幻者》

幸福并不对人人垂青。
不是人人为花冠而生。
幸福的是，谁能浸淫于崇高的思想和诗情里！

——［俄国］普希金《给茹利斯基》

幸福对于我是多么疏远，以至于当它已经在我面前出现我还来敢相识……

——［俄国］普希金《给索邦斯卡娅的信》

这样的人该多幸福：
谁要是能保守心灵崇高的创造，
躲开人们如躲开坟场，
不期望感情得到酬报！

——［俄国］普希金《书商和诗人的谈话》

生活的幸福不在这里面……它是在道德里面，在爱情里面，在心灵的善良里面。

——［俄国］屠格涅夫《单身汉》

你想要幸福吗？首先学会痛苦。

——［俄国］屠格涅夫《生活规条》

明天我会幸福了！可是幸福没有明天——它甚至也没有昨天；它既不记忆过去，也不去想将来，它只有现在——而且这并不是一天——只是短短的一刻。

——［俄国］屠格涅夫《阿霞》

让阳光去照耀别的人吧！我们暗淡的生活也自有它自己的骄傲和自己的幸福呢！

——［俄国］屠格涅夫《前夜》

一个无所事事的人胡思乱想出来的最夸张、最狂热的幸福都是不能和他实际上能够得到的幸福相比的。

——［俄国］屠格涅夫《绳从细处断》

没有孤独，就不会知道什么叫幸福。

——［俄国］屠格涅夫《第六病室》

只有甜美的、诗意的、青年的爱，那个把人领进梦的世界的爱，才能给人那样的幸福啊！

——［俄国］屠格涅夫《海鸥》

人生的幸福与快乐，不在于金钱和爱情中，而在于真理中。如果你想要有生活的幸福，那么，生活横竖不会使你陶醉；但要是事业出其不意地给你一击，使你措手不及，你倒能成为真正幸福的人。

——［俄国］屠格涅夫《补遗》

幸福的人生活在自己的幻想中。

——［俄国］屠格涅夫《匿名的故事》

做自由人，我认为就是我的幸福！

——［俄国］屠格涅夫《谜样的性格》

在人间生活里，都没有什么绝对幸福的东西。

——［俄国］屠格涅夫《坏孩子》

凡是有家室的，有这样一亩小天地的人是幸福的，可悲可怜的莫过于单身汉了！

——［俄国］果戈理《死魂灵》

能同别人的思想、感觉和印象起共鸣，是世界上一种最大的幸福。

——［俄国］果戈理《狂人日记》

顶顶要紧的是，得去理解伟大的创造的秘密。懂得这秘密的少数人是幸福的。

——［俄国］果戈理《肖像》

我们的一切喜悦寓于牺牲之中，对于一个人来说，只有当他忘却自己，开始为他人而生存时，世上才有幸福。

——［俄国］果戈理《果戈理传》

人的真正幸福寓于科学与劳动之中。

——［苏联］高尔基《排演》

短促的幸福是宝贵的，但长期的幸福更好……

——［苏联］高尔基《意大利童话》

在大地上做一个人，真是好福气。在这里能看到多少奇妙的东西，而面对这使人酣醉的美景，心儿是多么激动和甜美啊！

——［苏联］高尔基《一个人的诞生》

我的一生中，还从未尝到一滴没有掺和毒汁的幸福。

——［苏联］高尔基《克里姆·萨姆金的一生》

幸福只不过是一种期待。

——［苏联］高尔基《小仙女与青年牧人》

谁也没有权利拿别人的生命做代价去买自己的幸福。

——［苏联］高尔基《叶美良·皮里雅依》

太阳是幸福的，因为它光芒四照；海也是幸福的，因为它反射着太阳欢乐的光芒。

——［苏联］高尔基《玛莉娃》

其实，做个幸福的人是很简单的！什么是幸福呢?就是知足……别的没有什么……

——［苏联］高尔基《瓷猪》

感到自己是人们所需要的和亲近的人——是生活的最大的享受，最高的喜悦。这是真理，不要忘记这个真理，它会给你们无限的幸福。

——［苏联］高尔基《高尔基论儿童文学》

# 《贫富篇》

辛苦一辈子还受穷，不劳动却成为富豪，这种不合理的社会现象，在不少国家里还将长期存在。凡是极度富有的地方，就存在着极度贫穷的现象。一个国家不摆脱贫穷，美德难以实行，教育无力推广，社会秩序无法保障。勤劳致富的人，每天吃得饱睡得香，无忧无虑；勤“捞”致富的人，整日提心吊胆，唯恐落入法网。富有会招来一些虚伪的朋友围在你身边，点头哈腰，使你神气十足；贫穷会使一些虚伪的朋友远离，从而使你平静下来，过着默默无闻的生活。平凡的人在他有钱时常常腐化堕落，非凡的人在他有钱时却可以助其事业成功。

辛苦一世到头穷，不干活的是富翁。

——［英国］哈代《贝妲的婚姻》

穷人可能以对天发誓来取乐，可能满口承认这样那样，像青天的鸟儿一样的活泼愉快；可是这种信口开河、毫无顾虑的乐趣，有钱的人却不敢享受，他们连自己的梦都是可以值钱的，因此说起来也相当小心。

——［英国］哈代《贝妲的婚姻》

他靠教授音乐维持生活，跟挨饿比较起来，算是发财；虽然有钱的人也许可能说跟发财比较起来，他在挨饿。

——［英国］哈代《贝妲的婚姻》

在乡下，穷是一种悲哀；可是在城市，穷是一种恐怖。

——［英国］哈代《贝妲的婚姻》

这个男人给我多少地位和财物，他就可能使我用眼泪付出多少代价。

——［英国］哈代《贝妲的婚姻》

无论一个陌生的环境多少愉快，多么容易度过困顿艰难的境地，但缺钱花的时候，日子就不那么畅快了。

——［英国］哈代《远离尘嚣》

我有钱的时候，我能得到的我却不需要；现在穷了，我所需要的却又得不到。

——［英国］哈代《卡斯特桥市长》

财富成了她愈加令人追求的资本，给了她一种独立和高傲的气派。

——［英国］哈代《卡斯特桥市长》

平凡的人有了钱只会堕落。

——［法国］莫泊桑《两兄弟》

勇敢的人有了钱却可以助他事业成功。

——［法国］莫泊桑《两兄弟》

财产不能增加一个男子的伦理、理智的价格。

——［法国］莫泊桑《两兄弟》

他认为金钱万能，他衡量世间一切人和事物的价值标准是金钱，是看他们与金钱的关系是否直接、迅速。

——［法国］莫泊桑《温泉》

我们这个时代的伟大的战斗，就是要依靠金钱。我吗，我把五法郎的硬币看作是穿红裤子的小兵；把二十法郎的金币看作是穿着华丽制服的中尉；把一百法郎的纸币看作是上尉；把一千法郎的纸币看作是将军。

——［法国］莫泊桑《温泉》

钱本来就是为人花的。

——［法国］莫泊桑《一生》

你远比他富有，因为人生的幸福，不能光从财产上来着眼。

——［法国］莫泊桑《一生》

在富有的家庭里，一个寻快乐的人做些糊涂事情，那就被旁人在微笑之中称他做花花公子。

——［法国］莫泊桑《我的茹尔叔》

在日用缺乏的家庭里，若是一个孩子强迫父母消耗了本钱，必然变成一个坏人，一个光棍，一个游荡子弟。

——［法国］莫泊桑《我的茹尔叔》

贫困，也许能百倍激发他的才智。他以那些栖身于阁楼而孜孜不倦刻苦奋斗的伟人来勉励自己。

——［法国］福楼拜《情感教育》

您的资本保障您的地位，正如您的地位保障您的资本。

——［法国］福楼拜《情感教育》

没有比金钱更能腐蚀人心的了。

——［法国］雨果《吕意·布拉斯》

一个仆人，只是低贱的经过挑选的泥土做成的瓦罐。

——［法国］雨果《吕意·布拉斯》

财富本身就是危险。那会招引虚伪的朋友来到你的身旁，贫穷就可能使虚伪的朋友离开，使你安静下来。

——［法国］雨果《海上劳工》

人用金子干他所能做的事，神用风干他所想做的事。

——［法国］雨果《海上劳工》

富人的天堂，是建筑在穷人的地狱上的。

——［法国］雨果《笑面人》

宁愿做个牧人，吃着家常的乳酪，喝着葫芦里的淡酒，睡在树荫底下，清清闲闲，无忧无虑，也不愿当国王。他虽然吃的山珍海味，喝的是玉液琼浆，盖的是锦衾绣被，可是担惊受怕，片刻不得安宁。

——［英国］莎士比亚《亨利六世》

权力的本身虽可称道，可是当他高踞宝座的时候，已经伏下它的葬身的基础了。

——［英国］莎士比亚《科利奥兰纳斯》

有钱的人要是时时刻刻都在担心他会有一天变成穷人，那么即使他有无限的资财，实际上也像冬天一样贫困。

——［英国］莎士比亚《奥瑟罗》

自愿的贫困胜过不定的浮华；穷奢极欲的人要是贪得无厌，比最贫困而知足的人更要不幸得多了。

——［英国］莎士比亚《雅典的泰门》

一个人到了困穷无告的时候，微贱的东西竟也会变成无价之宝。

——［英国］莎士比亚《李尔王》

一个贫困的人，在职务上或者别的方面运气不佳，也许是过分的诚实妨碍他获得财产。

——［俄国］果戈理《断片》

不要脸的贪财比在别的事情上更卑鄙、更肮脏。

——［俄国］果戈理《回忆果戈理》

假使一个人不在金钱里埋葬自己，而能用理性支配金钱，这对于他是荣耀，对于别人也有益处！

——［苏联］高尔基《马特维·科热米亚金的一生》

不义之财如同车轮上的尘埃，转瞬即逝。

——［苏联］高尔基《克里姆·萨姆金的一生》

贫穷能使人沉沦，也能使人升华。

——［苏联］高尔基《苏联记游》

人类生活的一切不幸的根源，就是贫穷。这是很明白的。因为贫穷，所以才有嫉妒、怨恨、残暴；因为贫穷，所以才有贪欲，才有一切穷人共同的对生活的恐怖和相互的疑惧。

——［苏联］高尔基《没用人的一生》

富人的穷奢极欲，导致了穷人的嫉妒和憎恨。

——［苏联］高尔基《同志》

穷人总是长得俊美，但富人更加势力……普天下都是如此。

——［苏联］高尔基《意大利童话》

# 《品德篇》

品德不是金钱，但它比金钱重要；品德不是物质，但它比物质可贵。美德是最有价值的财富。它能产生自信，自信能产生力量，力量能征服世界。高贵品德在关键时刻表现出来，但它却是在平常不被人看见的情况下形成的。一个人品德高尚、处世坦率、举止礼貌，才能受人尊重，产生正能量。对一个人或一个国家来说，最重要的东西是尊严。衡量一个人的高贵低下，不是看他地位高低，有钱没钱，而是看其具有什么样的品德。公民没有道德，这个社会就会处于落后状态；个人没有道德，他就会失去存在的价值。只有品行端正，道德高尚的人，才有资格享受善良、公正这个美称的。

无瑕的名誉是世间最纯粹的珍宝；失去了名誉，人类不过是一些镀金的粪土，染色的泥块。

——［英国］莎士比亚《理查二世》

没有慈悲之心是禽兽，是野人，是魔鬼。

——［英国］莎士比亚《理查三世》

我宁愿失去这脆弱易碎的生命，却不能容忍你从我手里赢得了不可一世的声名；它伤害我的思想，甚于你的剑伤害我的肉体。

——［英国］莎士比亚《亨利四世》

没有德性的美貌，是转瞬即逝的；可是因为在你的美貌中，有一颗美好的灵魂，所以你的美貌是永存的。

——［英国］莎士比亚《一报还一报》

品行是一个人的内在，名誉是一个人的外貌。

——［英国］莎士比亚《莎士比亚戏剧集》

生命短促，只有美德能将它留传到遥远的后世。

——［英国］莎士比亚《莎士比亚戏剧集》

对己能真，对人自然不假。

——［英国］莎士比亚《莎士比亚戏剧集》

任何恶德的外表也都附有若干美德的标志。

——［英国］莎士比亚《莎士比亚戏剧集》

多疑的人，往往不是因为有了什么理由而嫉妒，只是为了嫉妒而嫉妒。那是一个凭空而来，自生自长的怪物。

——［英国］莎士比亚《奥瑟罗》

人们的耳朵不能容纳忠言，谄媚却这样容易进去

——［英国］莎士比亚《雅典的泰门》

温文和气的恶人彼此不怀好意，面子上却做得彬彬有礼。

——［英国］莎士比亚《雅典的泰门》

虚伪的心不会有坚硬的腿。

——［英国］莎士比亚《雅典的泰门》

明目张胆做贼，并不蒙着庄严神圣的假面；那些道貌岸然的正人君子，才是最可怕的穿窬大盗。

——［英国］莎士比亚《雅典的泰门》

穷巷陋室，有德之士居之，可以使蓬荜生辉；世禄之家，不务修善，虽有盛名，亦将隳败。

——［英国］莎士比亚《终成眷属》

一个心地不纯正的人，即使有几分好处，人家在称赞他的时候，总不免带着几分惋惜；因为那样的好处也就等于是邪恶的帮手。

——［英国］莎士比亚《终成眷属》

因为贪心不足的缘故，反而失去他们原有的技能。

——［英国］莎士比亚《约翰王》

你必须对你自己忠实；正像有了白昼才有黑夜一样，对自己忠实，才不会对别人欺诈。

——［英国］莎士比亚《哈姆莱特》

如果你诚实的话，即使是错了，也不会造成多大的危害。

——［法国］卢梭《爱弥儿》

良心是灵魂的声音，欲念是肉体的声音。

——［法国］卢梭《爱弥儿》

人啊！为人要仁慈，这是你们的头一个天职：对任何身份、任何年龄的人，只要他不异于人类，你们对他都要仁慈。除了仁慈，你们还能找到什么美德呢？

——［法国］卢梭《爱弥儿》

一个硬心肠的人总是很痛苦的，因为他的心不让他有多余的情感去同情别人。

——［法国］卢梭《爱弥儿》

在任何境遇中都可以做一个贤德的人。

——［法国］卢梭《爱弥儿》

为了满足自己的虚荣心而给人帮忙，就是比这再大，也不如老实人毫不浮夸、朴实而又厚道的行为要值得感激。

——［法国］卢梭《忏悔录》

处于顺境的时候，良心的谴责就睡着了；处于逆境的时候，良心的谴责就加剧了。

——［法国］卢梭《忏悔录》

恒心、温存、安分知命、廉洁、正义感是一笔财富，是人可以随着灵魂带走的无价之宝。我们可以不断地以此丰富和充实自己，不担心死亡会使之丧失价值。

——［法国］卢梭《一个孤独的散步者的遐想》

在任何场合都必须有讲真话的胆识和力量。对任何献身于真理的人来说，他的嘴和笔都容不得任何虚构和无稽之谈。

——［法国］卢梭《一个孤独的散步者的遐想》

我没有伤害任何人，也没有欺世盗名。我认为，唯有如此，讲真话才是一种美德。

——［法国］卢梭《一个孤独的散步者的遐想》

从敌人那里学得聪明、真诚、谦虚和不那么自负，是永远不会太迟的。

——［法国］卢梭《一个孤独的散步者的遐想》

在大量的浮夸当中德行是很难于出现的。

——［法国］卢梭《论科学与艺术》

忠诚对于善人要比博学对于学者更可贵得多。

——［法国］卢梭《论科学与艺术》

漂亮的词语可以导致品行端正，但是品行不端正的人只能用漂亮的词句来说谎。

——［法国］罗曼·罗兰《母与子》

一个人最聪明的办法是别跟自己别扭，应当对于没法克制的倾向采取宽容的态度。实行这种明哲的办法才不会使人感到一点儿痛苦。

——［法国］罗曼·罗兰《约翰·克利斯朵夫》

为骄傲为荣誉而成为伟大，未足也；必当为公众服务而成为伟大。最伟大之领袖必为一民族乃至全人类之忠仆。

——［法国］罗曼·罗兰《托尔斯泰传》

为人要正直，这是最主要的；要正直地生活，别想入非非！要诚实地工作，才能前程远大。

——［俄国］陀思妥耶夫斯基《被欺凌与被侮辱的》

那么每个人都能把自己的感情吐露出来岂不更好？坦率能避免多少坏事啊！

——［俄国］陀思妥耶夫斯基《被欺凌与被侮辱的》

原谅和宽恕对于善良的人来说是无限的幸福。

——［俄国］陀思妥耶夫斯基《被欺凌与被侮辱的》

凡是正直的人都可以成为裁判官。

——［俄国］陀思妥耶夫斯基《少年》

世界上的一切宗教和道德都归结为一句话：应该从善避恶。

——［俄国］陀思妥耶夫斯基《少年》

做人必须凭良心，讲公道。

——［俄国］陀思妥耶夫斯基《白痴》

凡是以作假开始的，必定以作假告终；这是自然的规律。

——［俄国］陀思妥耶夫斯基《白痴》

虚荣和傲慢已经把你们蛀空，最后你们将互相吃光，我现在向你们预言。

——［俄国］陀思妥耶夫斯基《白痴》

妒忌是可笑的……妒忌是一种恶习！

——［俄国］陀思妥耶夫斯基《别人的妻子和床底下的丈夫》

嫉妒是不可原谅的感情，不仅如此，它甚至是——不幸！

——［俄国］陀思妥耶夫斯基《别人的妻子和床底下的丈夫》

一颗美好、善良的童心，它总是能凭直觉找到一条正路。

——［俄国］陀思妥耶夫斯基《涅朵琦卡》

那些个头衔和俗世的尊荣如果没有美德加以净化，本身是微不足道的。

——［俄国］陀思妥耶夫斯基《庄园风波》

做好事不会没有好报，迟早一定会得到上帝的公正的褒奖。

——［俄国］陀思妥耶夫斯基《穷人》

我爱你就因为你永远完全说实话，一点也不隐藏。

——［俄国］陀思妥耶夫斯基《卡拉马佐夫兄弟》

真诚的信念是未来的保证。

——［俄国］陀思妥耶夫斯基《女房东》

真正的功劳和德行是藏而不露的。

——［俄国］陀思妥耶夫斯基《脆弱的心》

这世界上，没有一种善不是跟恶相联系的。

——［俄国］契诃夫《没意思的故事》

人不能抵抗恶，但能够抵抗善。

——［俄国］契诃夫《手记》

头脑必须清楚，心地必须纯洁，肉体必须干净。

——［俄国］契诃夫《手记》

与其受到混蛋的称赞，还不如被他们揍死的好。

——［俄国］契诃夫《手记》

如果一个人在一定的年龄能显得很自然，不做作，那他就是一个不平凡的人了。

——［俄国］屠格涅夫《安德烈·科洛索夫》

受苦并不是恶，因为忍耐可以战胜一切，世界上只有一个善，那就是正义。

——［俄国］屠格涅夫《普宁与巴布林》

胜利是暂时的，而美德都将千古流芳。

——［俄国］普希金《给 A. A. 别斯杜热夫的信》

爱惜衣裳趁早，爱护名节趁小。

——［俄国］普希金《上尉的女儿》

我心安理得，只要问心无愧，
我乐得沉默，来表示自己的谦虚。

——［俄国］普希金《鲁斯兰和柳德米拉》

我以自由为骄傲，对权贵们绝不巴结讨好、阿谀奉承。

——［俄国］普希金《致娜·雅·普留斯科娃》

贪得无厌、纸醉金迷、听天由命这三者结合在一起，结果是产业荡光，道德丧尽。

——［俄国］普希金《彼得大帝的黑奴》

对祖先的不敬正是野蛮的缺德的第一征兆……

——［俄国］普希金《宾客坐车聚集别墅》

人类罪过只有两种根源——懒惰和迷信；德行也只有两种——活动和智慧。

——［俄国］列夫·托尔斯泰《战争与和平》

说实话是很困难的，青年人很少办到。

——［俄国］列夫·托尔斯泰《战争与和平》

落井下石不但有失宽大，而且不是大丈夫的行为。

——［俄国］列夫·托尔斯泰《安娜·卡列尼娜》

良心，不是一句空话。

——［俄国］列夫·托尔斯泰《〈安娜·卡列尼娜〉的创作过程》

真正的人，往往都是优雅、慷慨、勇敢、快乐、漂亮、毫不忸怩……

——［俄国］列夫·托尔斯泰《〈安娜·卡列尼娜〉的创作过程》

虚伪和欺骗，比什么都坏。

——［俄国］列夫·托尔斯泰《〈安娜·卡列尼娜〉的创作过程》

在一切缺点中，最可怕的是忘恩负义。

——［俄国］列夫·托尔斯泰《童年 少年 青年》

我确信人类的使命在于力求道德完善，这种完善是容易的，可能的，永远要进行的。

——［俄国］列夫·托尔斯泰《童年 少年 青年》

行为得体的人，才是勇敢的人。

——［俄国］列夫·托尔斯泰《袭击》

出于虚荣心，或者好奇心，或者贪心，去冒生命危险的，不是勇敢的人。

——［俄国］列夫·托尔斯泰《袭击》

一个高尚的人，任何时候都可以免费让人使用。

——［俄国］列夫·托尔斯泰《哥萨克》

利己主义为了自己是十分苛求的，虽然挖空心思却一无所得，得到的只是耻辱和痛苦。

——［俄国］列夫·托尔斯泰《哥萨克》

虚荣，是一种特殊疾病，一种宛如天花和霍乱的恶癖。

——［俄国］列夫·托尔斯泰《五月的塞瓦斯托波尔》

切忌浮夸铺张。与其说得过分，不如说得不全。

——［俄国］列夫·托尔斯泰《给克拉斯诺夫的信》

寻欢作乐，就把身上一切好的东西都糟蹋了。

——［俄国］列夫·托尔斯泰《台球房记分员笔记》

使人们发生错误与不和的都是骄傲。

——［俄国］列夫·托尔斯泰《苏拉特的咖啡馆》

热爱光荣的心灵，
怎能爱世间的卑鄙行径？
向往幸福的心灵，
怎能不鄙弃无谓的纷争？
怎能不欢迎世上的美景良辰？
怎能不祝愿人类万古长存？

——［俄国］果戈理《果戈理传》

毫无节制的享乐于我们是有害的。

——［俄国］果戈理《果戈理传》

你们如果不怕上帝，应该怕一怕自己的良心。

——［俄国］果戈理《什室》

荣誉这东西，不会给一个偷盗它、但配不上它的人带来愉快；它只有在一个配得上它的人的心里才会引起不断的颤抖。

——［俄国］果戈理《肖像》

名利是诱人的，可是跟美德比起来，这一切都轻如尘芥，于我如浮云。

——［俄国］果戈理《钦差大臣》

优秀的人物，总是远离世俗的，而不是在罪孽的浊流里浪荡。

——［苏联］高尔基《旧事》

只有穿上了虚伪的、无赖和厚颜无耻的铠甲的人才会在自己良心的审判面前无动于衷。

——［苏联］高尔基《读者》

在制造卑鄙龌龊的事情方面，有的人已经赛过魔鬼了。

——［苏联］高尔基《三谈魔鬼》

他像只苍蝇一样，在任何东西上都留下自己肮脏的足迹。

——［苏联］高尔基《克里姆·萨姆金的一生》

自私是由于生活的冷酷，由于心灵肉体，筋骨都受到痛苦折磨而造成的……

——［苏联］高尔基《克里姆·萨姆金的一生》

一切美好的品质，都是从太阳的光线和母亲的奶汁中生长出来的。

——［苏联］高尔基《意大利童话》

有一条法律是管一切的：不做违背你良心的事，你就不会在世界上做什么坏事。

——［苏联］高尔基《筏上》

贪心，是安静生活的死敌。

——［苏联］高尔基《阿尔塔莫诺夫家的事业》

人如果没有良心，哪怕有天大的聪明也活不下去！

——［苏联］高尔基《我的大学》

尊重别人的人不应该谈自己。

——［苏联］高尔基《我初次看见这个女人》

我在生活的旅途中学会了容人，心中一直保持着对人的关心和尊重，这使我避免了一些重大的丑剧发生。

——［苏联］高尔基《初恋》

要知道，爱找别人阴暗面的人，自己也常常失掉光芒。

——［苏联］高尔基《忏悔》

要努力做个本色的人，别作伪君子。智慧不多也罢，但要是自己的。

——［苏联］高尔基《福马·高尔杰耶夫》

撒谎是奴才和主子的宗教……真实才是自由人的上帝。

——［苏联］高尔基《下层》

虚伪像铁锈一样腐蚀着自尊心。

——［苏联］高尔基《莫尔德瓦姑娘》

在这个世界上，尽如人意的事并不多。咱们既活着做人，就只能迁就咱们所处的实际环境，凡事忍耐些。

——［印度］泰戈尔《沉船》

经常谈论别人的短处只会使一个人心胸狭窄，使一个人变得非常多疑，非常无聊。

——［印度］泰戈尔《沉船》

要进行严厉的自我克制，因为这种克制本身就可以作为人的一种精神上的寄托。

——［印度］泰戈尔《沉船》

一个人要表现最高的真诚，就必须做到无事不可对人言。

——［印度］泰戈尔《沉船》

世上有比无知的人更加不如的畜生，那就是没有心肝的人。

——［印度］泰戈尔《戈拉》

最坏莫过于表面上平安无事，骨子里存在问题。

——［印度］泰戈尔《戈拉》

一个人骄傲自满，专横跋扈，就十分清楚地表现出他那相对渺小的一面。

——［印度］泰戈尔《戈拉》

你有一个大毛病，总认为天神把一切力量都赐给了一个人，我们芸芸众生只不过是一些意志薄弱的废物。

——［印度］泰戈尔《戈拉》

医治罪恶的正确方法是和它进行斗争。

——［印度］泰戈尔《戈拉》

我可以咬住舌头，缄口不言。但是，我却不能使我的良知沉默不语。

——［印度］泰戈尔《新郎和新娘》

极端的自私自利永远不会使无休止的仇恨和贪欲、恐惧和伪善、猜疑和专制自行结束。

——［印度］泰戈尔《民族主义》

在你剽窃不属于你的生命的东西时，这些东西会毁坏你的生命。

——［印度］泰戈尔《民族主义》

贪图果实，错过花卉。

——［印度］泰戈尔《流萤集》

当人是兽时，他比兽还坏。

——［印度］泰戈尔《飞鸟集》

# 处世篇

处世之道贵在礼尚往来。待人接物中，凡是能够忍辱负重，慎重思考问题的人，常常能达到预期的目的，反之，急躁冒进，考虑欠周，急于求成的人，十有八九失败。在现实中，要保持与他人的友好关系，就必须懂得多关心、多付出，而不是索取。与人方便，与己方便；与人为难，与己为难。做事要认真诚恳，不能马虎大意，这样就会得到对方的信任。仁厚、友善的方式比任何暴力的手段更能容易改变别人的主意。信用失去容易得来难。它是无形的力量，也是无形的财富。一个人的行为如果违背众人的意愿，就不会得到好的回应。要了解一个人的为人，最好是在关键时刻看他如何表现。对众人要一视同仁，不要用歧视的目光看待一切；对友人更要诚心，办不到的事不要先承诺。

人，需要面对面望着眼睛说话。

——［奥地利］茨威格《同情的罪》

一个人的力量是很难应付生活中无边的苦难的。所以，自己需要别人帮助，自己也要帮助别人。

——［奥地利］茨威格《同情的罪》

一个人的行为如果违背众人循规蹈矩的设想，他就害怕众人。

——［奥地利］茨威格《爱与同情》

永远需要耐心，永远和蔼可亲，永远心情欢畅。

——［奥地利］茨威格《爱与同情》

体力上的胜利产生出来的自信，总会过渡为精神上的自信。

——［奥地利］茨威格《爱与同情》

伟大的善举，总是把人团结起来；仆人找到了称心的主子，主子也找到了合适的仆人。

——［奥地利］茨威格《一个政治家的肖像》

十年的激烈敌视，有时比平淡的友谊更加不可思议地把人们结合在一起。

——［奥地利］茨威格《一个政治家的肖像》

要了解一个人的性格，最好是看他在关键时刻的行动。

——［奥地利］茨威格《麦哲伦的功绩》

最微不足道的小事，一旦检查不到或疏忽大意，就会在整个航行期间造成无法挽回的损失；在这种特殊情况下，任何疏漏，任何错误都不可能改正，挽救或补偿。

——［奥地利］茨威格《麦哲伦的功绩》

信任的前提是坦率，无保留的坦率。

——［奥地利］茨威格《马来狂人》

即使肉中有“刺”，但只要有耐性，并且有针，就没有什么“刺”不可挑出的。

——［波兰］显克微支《洪流》

面对别人的果敢和犟劲，通常人会情不自禁地报之以颜色，但胸怀城府的人只付之一笑。

——［波兰］显克微支《洪流》

诺言向来是神圣的。

——［波兰］显克微支《洪流》

虽说我不是国王，但处世对人，向来我说话算数，绝不食言。

——［波兰］显克微支《洪流》

事事千钧一发，事事要小心留意。

——［波兰］显克微支《洪流》

用恶语伤人是罪过的，哪怕就是对自己最大的仇家，都不该这样。

——［波兰］显克微支《洪流》

事关重大，一发千钧，每个方面，每个节骨眼，都必须想周到，预见到。

——［波兰］显克微支《火与剑》

遇险路定得小心谨慎，才能逢凶化吉。

——［波兰］显克微支《火与剑》

你刀快脑子钝。十全十美不能一下都得，能有个适当的定局就够满啦，这叫好事多磨。

——［波兰］显克微支《火与剑》

拉得过紧的绳子会折断。

——［波兰］显克微支《你往何处去》

在或许可免和免不了的灭亡之间该作一次选择的时候，怎么能够迟疑不决呢？

——［波兰］显克微支《你往何处去》

去见见世面，了解了解人民的风尚，这是一件好事，因为这会指点你在各种情况下懂得怎么行动，怎么说话，而且还能增长见识。

——［波兰］显克微支《十字军骑士》

如果你保持沉默，你就成为哲学家……即使一个傻瓜保持沉默，也会被认为是个贤人。

——［波兰］显克微支《战场上的婚礼》

人就是要依靠敏锐的思想，正确的眼光，自己的判断力，而不能依靠别的什么东西。

——［美国］德莱塞《金融家》

你要是看重自己，那就不管你怎样的无价值，别人也会尊重你。

——［美国］德莱赛《珍妮姑娘》

凡是人的人格，不能只凭一度情欲的放纵去判定它的高下。

——［美国］德莱塞《珍妮姑娘》

要在别人身上发现美、青春、体贴、见识，以及温柔化和感情化了的你的见解，那是难能可贵的事情。

——［美国］德莱塞《珍妮姑娘》

真实是人生的命脉，是一切价值的根基，又是商业成功的秘诀，谁能守信不渝，就可以成为可贵的人物。

——［美国］德莱塞《珍妮姑娘》

通过对人的了解，我们很容易就可以猜出他的打算。

——［美国］德莱塞《嘉莉妹妹》

我们往往从自我出发，来判断别人的善恶。

——［美国］德莱塞《嘉莉妹妹》

他对自己注定要做的事情很有信心，在陷入失望的深渊以后，总会又升到自信的巍峨的高峰上去。

——［美国］德莱塞《天才》

他早就懂得，礼貌和圆通是不费钱的，而就赢得一个艺术家的好感来讲，这却是第一要素。

——［美国］德莱塞《天才》

要达到目的的话，路线不只一条啊。

——［美国］德莱塞《美国的悲剧》

最懂得怎么样等待的人，到头来就最幸福。

——［美国］德莱塞《美国的悲剧》

洁身自好，免除一切烦恼。

——［美国］德莱塞《锁链》

了解一切，才能原谅一切。

——［美国］德莱塞《奥李芙·布兰德》

恭敬人，要彼此谦让。

——［美国］德莱塞《堡垒》

一个正直的人一定能履行诺言。

——［爱尔兰］萧伯纳《卡歇尔·拜伦的职业》

死拼硬斗是处世之道里最差的一着。

——［爱尔兰］萧伯纳《卡歇尔·拜伦的职业》

要改变别人对问题的不同看法，首先得提供一些有条理、对问题有直接关联的事实。

——［爱尔兰］萧伯纳《卡歇尔·拜伦的职业》

一个男人对另一个不讲理的男人，尽可以教训他一顿，但切不可对打起来，这样，格调就低下了。

——［爱尔兰］萧伯纳《卡歇尔·拜伦的职业》

保持距离是彬彬有礼的全部诀窍；不彬彬有礼，人类社会是无可忍受和没法儿办的。

——［爱尔兰］萧伯纳《苹果车》

假若看不见危险，那曾经发生过，还可以再发生。

——［爱尔兰］萧伯纳《苹果车》

别信那些不通世情的人说的话，信了准倒霉。

——［爱尔兰］萧伯纳《华伦夫人的职业》

指挥的秘诀是，不管什么事情，只要能够交给下属代办的，自己绝不动手，免得浪费时间。

——［爱尔兰］萧伯纳《真相毕露》

了解社会各方面的情况和人性，而且从来不干自己所不了解的事情。

——［爱尔兰］萧伯纳《萧伯纳传》

在这个世界上，假使你不用一种使人不愉快的口气发表意见，那么，你最好还是闭口不言，因为人家是不会去关心那种不能使他感到烦恼不安的言论的。

——［爱尔兰］萧伯纳《萧伯纳论莎士比亚》

一个处事谨慎的女人哪怕只是为了保持那么一点点信用，也非得小心谨慎才成。

——［英国］哈代《远离尘嚣》

没说得明明白白的诺言就像筛子一样到处是漏洞。

——［英国］哈代《远离尘嚣》

服饰是女人容貌的一部分，衣装不整齐就等于是容貌不端正或有伤痕。

——［英国］哈代《远离尘嚣》

自负如果流露的更明显些，就会成为虚荣；如果稍微含蓄点儿，那即是庄重了。

——［英国］哈代《远离尘嚣》

沉默有时有一种惊人的力量，能自己表现为游离于躯壳之外的感情的灵魂，这时它就比言辞更能动人心弦。

——［英国］哈代《远离尘嚣》

不留神的事做的时候很容易，做了再替它辩白可就难了。

——［英国］哈代《还乡》

用实事求是的眼光来看一切……

——［英国］哈代《还乡》

面部的轮廓，只能表示性格的一部分；面部的活动，才能表示性格的全部。

——［英国］哈代《还乡》

一个人若是把一般的看法用到特殊的场合，即使毫无恶意，也可能发现自己立刻就碰壁。

——［英国］哈代《贝妲的婚姻》

我绝不因一时的冲动而打乱一项经过深思熟虑的计划。

——［英国］哈代《贝妲的婚姻》

立身处世注意两点：一点是随从自己的心意行动，如果有害，只害自己，于别人无关；另一点是使我所最爱的人真正感到快乐。没有别的。

——［英国］哈代《无名的裘德》

在人世里头，人家不是按照你的实际而是按照你的外表来评判你的。

——［英国］哈代《卡斯特桥市长》

已经泼出去的水，还有什么办法能收回来呢?

——［英国］哈代《德伯家的苔丝》

留心避免和人家争吵，可是万一争端已起，就应该让对方知道你不是可以轻侮的。

——［英国］莎士比亚《哈姆莱特》

倾听每一个人的意见，可是只对极少数人发表你的意见；接受每一个人的批评，保留你自己的判断。

——［英国］莎士比亚《哈姆莱特》

我们所要做的事，应该一想到就做；因为人的想法是会变化的，有多少舌头、多少手、多少意外，就会有多少犹豫、多少迟延；那时候再空谈该做什么，只不过等于聊以自慰的长吁短叹，只能伤害自己的身体罢了。

——［英国］莎士比亚《哈姆莱特》

人们往往用至诚的外表和虔敬的行动，掩饰一颗魔鬼般的内心。

——［英国］莎士比亚《哈姆莱特》

对众人一视同仁，对少数人推心置腹，对任何人不要亏负；在能力上你应当能和你的敌人抗衡，但不要因为争强好胜而炫耀你的才干；对于你的朋友，你应该开诚相与；宁可被人责备你朴讷寡言，不要让人嗔怪你多言偾事。

——［英国］莎士比亚《终成眷属》

只要能够得到圆满的结果，何必顾虑眼前的挫折。

——［英国］莎士比亚《终成眷属》

……做人总要吃些苦，才会有舒服的日子。

——［英国］莎士比亚《亨利四世》

世间的事情，往往失之毫厘，就会造成莫大的差异。

——［英国］莎士比亚《亨利四世》

横冲直撞只是个粗夫，以逸待劳才算真有经验的战士。

——［英国］莎士比亚《亨利五世》

事情只要办得好，小心从事，是不会引起我们担心害怕的；如果办的是一件史无前例的事，结果如何，倒必须慎重考虑。

——［英国］莎士比亚《亨利八世》

谁要是急于生起一场旺火柴来，必须先用柔弱的草秆点燃。

——［英国］莎士比亚《裘力斯·凯撒》

世事的起伏本来是波浪式的，人们要是能够趁着高潮一往直前，一定可以功成名就；要是不能把握时机，就要终身蹭蹬，一事无成。

——［英国］莎士比亚《裘力斯·凯撒》

外观往往和事物的本身完全不符，世人却容易为表面的装饰所欺骗。

——［英国］莎士比亚《威尼斯商人》

一个人听朋友的忠告，只有幸福快乐。

——［英国］莎士比亚《维纳斯与阿都尼》

……越是有利益的事情，越要装着不把这种利益放在心上。

——［英国］莎士比亚《泰尔亲王配力克全斯》

只有谦恭的言语才可以挽回形势。

——［英国］莎士比亚《科利奥兰纳斯》

凡事三思而行；跑得太快是会滑倒的。

——［英国］莎士比亚《罗密欧与朱丽叶》

……报复不是勇敢，忍受才是勇敢。

——［英国］莎士比亚《雅典的泰门》

只要静待时机，总有命运转移的一天。

——［英国］莎士比亚《维洛那二绅士》

世上还没有一种方法，可以从一个人的脸上探察他的居心。

——［英国］莎士比亚《麦克白》

宁肯自己受罪也不愿欠人家的。

——［法国］卢梭《忏悔录》

我应该学会经得起笑骂，只要这笑骂不是我应该受到的。

——［法国］卢梭《忏悔录》

一个聪明的人必须如临深渊似的谨慎从事。

——［法国］卢梭《爱弥儿》

你什么也舍不得牺牲，结果你是什么也得不到的。

——［法国］卢梭《爱弥儿》

由于过分审慎，人们对于时机就重视不够，就会坐失良机。

——［法国］卢梭《社会契约论》

一个机会可以失而复得，可是一句蠢话却驷马难追。

——［法国］福楼拜《情感教育》

我要办任何事情，总是先权衡利弊，考虑再三，只有在十拿九稳，保管赚钱的时候我才会说出口。

——［法国］莫泊桑《温泉》

如果我要尊重自己，使一般人也尊重我，便应该向一般人表明我现在的态度。

——［法国］司汤达《红与黑》

忍耐一点吧！你要知道，人人都有发脾气的时候。

——［法国］司汤达《红与黑》

我们有时候应该拿出最大的忍耐来，等待时机的成熟。这就是好的战斗。

——［法国］司汤达《红与黑》

一个人能够率领一中队的铁骑兵，去冒生命的危险，但是遇到了孤独的、奇怪的、预料不到的危险，才真会出魂。

——［法国］司汤达《红与黑》

处理任何事情，决不可过于急促。

——［法国］司汤达《红与黑》

我为人处世最讲道德，答应别人的事情，一定兢兢业业做到。

——［法国］司汤达《红与白》

我要讲礼貌，决不妄用我有利的地位；我决不做公众舆论的回声。

——［法国］司汤达《拉辛与莎士比亚》

万万不可贪图报复的一时快乐。

——［法国］司汤达《拉辛与莎士比亚》

要淳朴，恭顺，不露聪明，不显才气，不要对答如流。只要你不让他怕你，他就会喜欢你的。

——［法国］司汤达《巴马修道院》

她的信仰，就是要有信誉，一言既出，就应当坚守不渝。

——［法国］司汤达《拉米艾尔》

当一个人预料什么事情的时候，必须把例外的情况，把不可能的事，都作最坏的估计。

——［法国］大仲马《布拉日隆子爵》

有远虑才无近忧。

——［法国］大仲马《布拉日隆子爵》

越是把饮料移得远便越是使人口渴，越是不把话说明白便越能刺激人的好奇心。

——［法国］大仲马《布拉日隆子爵》

办正经事的时候，准时无误虽谈不上是美德，不过是起码应该做到的。

——［法国］大仲马《布拉日隆子爵》

一个人的信用就是生命，这话是不错的，因为一个人坚守信用时，他会获得荣誉，而当他背弃信用时，就会声名狼藉。

——［法国］大仲马《布拉日隆子爵》

不能强求于人。

——［法国］大仲马《双雄记》

要动摇一个人有两根撬棒：威胁和利诱。

——［法国］大仲马《双雄记》

应该处变不惊。

——［法国］大仲马《双雄记》

尽量利用自己得到的优势。

——［法国］大仲马《双雄记》

一点微不足道的小事有时候会决定一些巨大事件的命运。

——［法国］大仲马《双雄记》

貌似恭顺的回答，比蛮横的要求更使人害怕。

——［法国］大仲马《蒙梭罗夫人》

生财有道的店老板对客人总是有求必应。

——［法国］大仲马《蒙梭罗夫人》

好感是在最初好印象中形成的，只有坦率的目光和发自内心的微笑才能博得人们的亲近。

——［法国］大仲马《蒙梭罗夫人》

别同恶棍搞在一起。这个人心狠手辣，到了出卖你的时候，他是从来不犹豫的。

——［法国］大仲马《蒙梭罗夫人》

你的脸上不要露出任何形迹，把你的悲哀包藏在心里，像云包藏雨一样——这是一个致命的秘密。

——［法国］大仲马《基度山伯爵》

凡是自己无能为力的事就不要枉费心机，也就是说，要随遇而安。

——［法国］大仲马《基度山伯爵》

一次过失就会毁坏终生的幸福。

——［法国］大仲马《基度山伯爵》

要等待！一切人类的智慧都来源于这个词。最伟大的人、最有力量的人，特别是那些最机灵的人，都是善于等待的人。

——［法国］大仲马《玛尔戈王后》

干事之前先弄明白干的是什么……

——［法国］大仲马《阿芒得骑士》

信任真是一种稀有的珍宝。

——［法国］大仲马《王后的项链》

不要把谨慎和胆小混在一块儿，谨慎是一种美德。

——［法国］大仲马《三个火枪手》

神态自然而不俗，这正是高尚的人们所特有的气质。

——［法国］大仲马《阿斯加尼奥》

要求别人诚实，自己就得诚实。

——［俄国］陀思妥耶夫斯基《少年》

有些心地忠厚的人会相信每个人，并不怀疑人家会讥讽他。这种人总是见识不广的，因为他们对初次见面的人就会把心里的要紧话儿和盘托出。

——［俄国］陀思妥耶夫斯基《少年》

只有不会说俏皮话的人才说真话。

——［俄国］陀思妥耶夫斯基《白痴》

我经常把心掏出来给人，差不多每次都上当。这个人不配接受我的礼物。

——［俄国］陀思妥耶夫斯基《白痴》

风度和体面是自己的心而不是舞蹈老师教出来的。

——［俄国］陀思妥耶夫斯基《白痴》

一个人形象打扮得很好，像是很有尊严的样子，实际他没有一点尊严。所以，也只能是徒有其表。

——［俄国］陀思妥耶夫斯基《赌徒》

人越狡猾，就越想不到他会在一个普通的问题上上人家的当。在极普通的问题上上人家的当的正是最狡猾的人。

——［俄国］陀思妥耶夫斯基《罪与罚》

要了解一个人，你得仔细地、慢慢地来进行，才不致犯错误和抱成见，要不然，以后要改正错误和消除成见就困难了。

——［俄国］陀思妥耶夫斯基《罪与罚》

你要立于社会，我认为，常常注意季节就够了……现在是夏天，所以买夏天的东西，因为到秋天当然需要暖和些的料子。

——［俄国］陀思妥耶夫斯基《罪与罚》

对人对事往坏处想得多，往好处想得少——这是心肠冷酷的人所特有的一种不幸的性格。

——［俄国］陀思妥耶夫斯基《被欺凌与被侮辱的》

任何事情都应该拿平常的眼光去看，不要夸大。

——［俄国］陀思妥耶夫斯基《被欺凌与被侮辱的》

应该赢得人的心。没有这一点，单凭金钱是无济于事的。

——［俄国］陀思妥耶夫斯基《被欺凌与被侮辱的》

别人之所以常委托我替他们办事，是因为我不是饶舌鬼。

——［俄国］陀思妥耶夫斯基《被欺凌与被侮辱的》

从一些所谓的小节上便足以看出一个人的为人。

——［俄国］陀思妥耶夫斯基《被欺凌与被侮辱的》

实事求是，开诚布公。

——［俄国］陀思妥耶夫斯基《庄院风波》

做任何事情都讲究个体面和胆量，但不应该吵吵嚷嚷、盛气凌人。

——［俄国］陀思妥耶夫斯基《庄院风波》

不要恣意放纵自己的欲念。

——［俄国］陀思妥耶夫斯基《庄院风波》

有许多人在诱人的、漂亮的外表下，内心却隐藏着毒汁；他们把自己的才智用于对别人施展阴谋，进行不能容许的欺骗。

——［俄国］陀思妥耶夫斯基《九封信的小说》

外表往往有很大的欺骗性，花丛里有时有毒蛇藏身。

——［俄国］陀思妥耶夫斯基《九封信的小说》

傻瓜说胡话，酒鬼说胡话，狗说胡话，有头脑的人做事入情入理。

——［俄国］陀思妥耶夫斯基《普罗哈尔先生》

对一切事情都喜欢做到准确、严格、正规。这些都不愧是高尚心灵所应有的品质。

——［俄国］契诃夫《好事也得有限度》

先生！沉默使人增光。

——［俄国］契诃夫《飞岛》

俗语说得好：协议比金钱还要宝贵。

——［俄国］契诃夫《毒》

为人处世永远保持客观。

——［俄国］契诃夫《微洛琪卡》

宽恕，对人说一句和气的好话，甚至对罪人也说句和气的好话，那是比生意要紧得多的，比财富也要紧得多。

——［俄国］契诃夫《三年》

同那些什么丑事也会干出来的人在一起共事，后来就会痛哭流涕。

——［俄国］契诃夫《契诃夫论文学》

当你想从事什么的时候，请先问问自己：是否在为文明服务？如果是这样，那么勇敢前进吧！

——［俄国］屠格涅夫《烟》

他对所有的人都彬彬有礼的，尽管在他和我们落后的县城社交界之间存在着毫不相称的差距。他不仅善于不使任何人感到拘束，而且甚至能装得好像他和我们是平等的人。

——［俄国］屠格涅夫《多余人的日记》

在我们这个着重实际的时代，每一个规矩的人都应该着重实际，遵守时间。

——［俄国］屠格涅夫《僻静的角落》

一件多么微不足道的小事有时可能会改变整个一个人。

——［俄国］屠格涅夫《我们还要战斗》

提的不合时宜的问题只能引起迷惘和混乱。

——［俄国］屠格涅夫《回忆录》

神赐给人的最后和最高的一种禀赋，便是“适可而止”。

——［俄国］屠格涅夫《回忆录》

# 《友谊篇》

友谊需要用真诚去播种，用热情去灌溉，用双赢去收获。真正的友情看似平淡，其实内里有不可言喻的深交。真正的朋友不是把友谊挂在口头上，而是在朋友遇到困难或不愉快的事时，帮助对方做一些力所能及的事。朋友之间的友谊可以浓一点，也可以淡一点。无论是浓还是淡，重要的是心灵相通。友谊的基础是双赢。商人之间友谊的基础是互利，平常人之间友谊的基础是心灵上的互补。友谊不是交易。不要靠馈赠得到一个朋友，而要用正当的方法来赢得一个人的心。即使最知心的朋友，有时也会在友谊里夹杂着一点不和谐的音符。酒席上称兄道弟的人，你可以把他忘掉了；和你一起在大漠苦海中牵手走过的人，你却永远不能忘记。

一个朋友的拥抱能消除多少嫌隙啊。

——［法国］卢梭《忏悔录》

我心头的两个偶像——爱情与友谊。

——［法国］卢梭《忏悔录》

我不太相信医生们的治疗，却非常相信一个挚友的照顾。

——［法国］卢梭《忏悔录》

我决计从此只要以善意相待的交情，这种交情并不妨碍自由，却构成人生的乐趣，同时有平等精神作为基础。像这样的交情，我当时是很多的，足以使我尝到相互交往的甜美滋味，而又不感到受人支配之苦。

——［法国］卢梭《忏悔录》

她既然为朋友不惜时间，不惜努力，那么她也就理应得到朋友们对她的关怀。

——［法国］卢梭《忏悔录》

由于双方为义务、为荣誉、为爱情、为友谊作出的罕见的痛苦的牺牲，将在天人之间，永远值得人们尊敬。

——［法国］卢梭《忏悔录》

错交了朋友固然是不幸，从那么甜蜜的一个错误中醒悟过来又是一个不幸，其残酷的程度，殆有过之无不及。

——［法国］卢梭《忏悔录》

我和我所交往的人之间的唯一的联系是：互相友爱，兴趣一致和性情相投；我将以成年人而不是以有钱人的身份同他们交往；我不容许在我和他们交往的乐趣中掺杂有利害关系的毒素。

——［法国］卢梭《爱弥儿》

温存的友情和仁慈的心在我们遭受痛苦的时候能安慰我们；而且，甚至在我们欢乐的时候，如果没有人同我们分享欢乐的话，我们也会感到孤寂和苦闷的。

——［法国］卢梭《爱弥儿》

我如此地受到爱戴，当别人喜欢我时，我似乎忘掉了一切不愉快的事。朋友的照顾温暖了我的心。

——［法国］卢梭《卢梭》

要认清楚自己的朋友也得等到重大的关头，也就是说，要等到不可能再有更多时间的时候，因为唯有到了这种关头，对朋友的认识才具有本质的意义。

——［法国］卢梭《论科学与艺术》

凡是经过考验的朋友，就应该把他们紧紧地团结在你的周围。

——［英国］莎士比亚《莎士比亚戏剧集》

患难之中的友谊，能够使患难舒缓。

——［英国］莎士比亚《鲁克丽丝受辱记》

一个听朋友的忠告，只有幸福快乐。

——［英国］莎士比亚《维拉斯与阿都尼》

我愿意把三倍多的土地送给无论哪一个真正值得我

敬爱的朋友；可是你听着，要是真正斤斤较量起来的话，我是连一根头发的九分之一也不肯放松的。

——［英国］莎士比亚《亨利四世》

相知有素的朋友，应该用钢圈箍在你的灵魂上，可是不要对每一个泛泛的新知滥施你的交情。

——［英国］莎士比亚《哈姆莱特》

我用眼泪报答他的友谊，用喜悦庆祝他的幸运，用尊敬崇仰他的勇敢，用死亡惩戒他的野心。

——［英国］莎士比亚《裘力斯·凯撒》

要是看见朋友之间用到不自然的礼貌的时候，就可以知道他们的感情已经开始衰落了。坦白质朴的忠诚，是用不到浮文虚饰的；可是没有真情的人，就像一匹尚未试步的倔强的驽马，表现出一副奔腾千里的姿势，等到一受鞭策，就会颠踬泥涂，显出庸劣的本相。

——［英国］莎士比亚《裘力斯·凯撒》

真有交情，谈话里就会体现出更真挚的友情。

——［英国］莎士比亚《一报还一报》

习见既久，即成陈腐；常道一成不变，持恒即为王德；人心不可测，择友当谨慎。

——［英国］莎士比亚《一报还一报》

酒食上得来的朋友，等到酒尽樽空，转眼成为路人；一片冬天的乌云刚刚出现，这些飞虫们早就躲得不知去向了。

——［英国］莎士比亚《雅典的泰门》

朋友间必须是患难相济，

那才能说得上真正友谊；

你有伤心事，他也哭泣，

你睡不着，他也难安息，

不管你遇上任何苦难，

他都心甘情愿和你分担。

——［英国］莎士比亚《乐曲杂咏》

一个朋友永远不会离开他的友人，除非他的心灵同意时…

——［法国］罗曼·罗兰《内心的历程》

我有了一个朋友了！他跟我隔得那么远，又那么近，永久在我心头。我把他占有了，他把我占有了。我的朋友是爱我的。“爱”把我们两人的灵魂交融为一了。

——［法国］罗曼·罗兰《约翰·克利斯朵夫》

朋友看朋友是透明的；他们彼此交换生命。双方的声音笑貌在那里互相模仿，心灵也在那里互相模仿。

——［法国］罗曼·罗兰《约翰·克利斯朵夫》

有了朋友，生命才显出它全部的价值；一个人活着是为了朋友；保持自己生命的完整，不受时间侵蚀，也是为了朋友。

——［法国］罗曼·罗兰《约翰·克利斯朵夫》

有人说小小的口角足以维持友谊，其实是错误的。

——［法国］罗曼·罗兰《约翰·克利斯朵夫》

友谊是毕生难觅的一宗珍贵财富。

——［法国］罗曼·罗兰《罗曼·罗兰回忆录》

患难里的好朋友，懂得互助互爱。

——［法国］雨果《海上劳工》

假情假意的朋友，表面是温暖的，内心却是冰冷的。

——［法国］雨果《笑面人》

使我们摔跤的往往是我们的朋友！

——［法国］雨果《巴黎圣母院》

多和朋辈交游无疑是医治心病的良方。

——［印度］泰戈尔《沉醉》

我要是说我能了解一个根本不愿和我共心事的人，那我就太狂妄一些了；但有时候，两个从不相识的人的确也很可能一见面就变成了知心的朋友。

——［印度］泰戈尔《诗选》

在哪里找到了朋友，我就在哪里重生。

——［印度］泰戈尔《诗选》

我们不应该不惜任何代价地去保持友谊，从而使它受到玷污。如果为了更伟大的爱，必须牺牲友谊，那也是没有办法的事；不过如果能够保持下去，那么，它就能真的达到完美的境界了。

——［印度］泰戈尔《戈拉》

可以看到每个人的长处，因此有权得到朋友们最真挚的友谊。

——［印度］泰戈尔《戈拉》

兄弟，我们不能同生，但愿同死。我们就像一个人，没有人能把我们分开，也没有人能阻挡我们前进。

——［印度］泰戈尔《戈拉》

朋友们在这个世界上因缘分偶尔相遇，这缘分使我们在某一段路程上相聚在一起，然后就来了我们一定要分手的时刻。

——［印度］泰戈尔《修道者》

不要从你自己的袋里掏出勋绩借给你的朋友，这是污辱他的。

——［印度］泰戈尔《飞鸟集》

要做真正的知己，就必须互相信任。

——［俄国］列夫·托尔斯泰《童年 少年 青年》

人们完全不相同的时候，就成了朋友。

——［俄国］列夫·托尔斯泰《战争与和平》

跟不老实，不真诚的人最难相处。

——［俄国］列夫·托尔斯泰《魔鬼》

我的朋友，在离别时期，
我要摒绝情感，却不消沉，
因为我将继续崇拜你，
朋友啊，只崇拜你一个人，
你尽力注视别人的脸吧，
但请只信任我这颗心，
一如你以前信任过它，
尽管不理解它的激情。

——［俄国］普希金《给一个异国女郎》

我认为我的朋友们的幸福，
对我来说也是愉快的慰藉。

——［俄国］普希金《高加索的俘虏》

我们俩已连接在一起，
就像两颗一模一样的胡桃，

包藏在一个坚硬的壳里。

——［俄国］普希金《仿阿拉伯诗歌》

朋友啊，我们的情谊是美丽的！

它像灵魂一样的不可割离，

和永恒，它自由、豪放而坚定，

它在缪斯的荫护下结成一体。

——［俄国］普希金《十月十九日》

为了朋友的安宁，一个正派的人有的时候应该牺牲……自己的快乐。

——［俄国］屠格涅夫《村居一月》

结交一个重实际的人，是十分荣幸的事。

——［俄国］屠格涅夫《表》

不要伤心，我的老朋友！要是他们把你从你自己的家里赶出来，你会在我的家里找到一个永久的安身的地方。

——［俄国］屠格涅夫《草原上的李尔王》

亲朋密友之间的真诚协议，必须保留在信守不渝的友谊之中。

——［俄国］果戈理《死魂灵》

访友不怕路途远！

——［俄国］果戈理《死魂灵》

如果没有一位朋友可以分担您的欢乐和患难……那么，世上纵有奇珍异宝，又算得了什么呢？一位圣贤说过这样的话：“纵然身无分文，愿交天下豪杰。”

——［俄国］果戈理《死魂灵》

在任何人身上都有其他人所没有的某种东西；在任

何人身上并不是每一条神经都比别人灵敏，而只有友谊的交往和相互的帮助才会使所有的人都能鲜明的、各方面的看清所看的对象。

——［俄国］果戈理《果戈理传》

友谊就是力量。

——［苏联］高尔基《老板》

交情不像蘑菇，在树林子里是找不到的；孩子！它是长在心里的！

——［苏联］高尔基《马特维·科热米亚金的一生》

最好的朋友是那种不喜欢多说，能与你默默相对又息息相通的人。

——［苏联］高尔基《孤独的人》

应该努力跟那些比你强、比你聪明的人做朋友。

——［苏联］高尔基《福马·高尔索耶夫》

# 爱情篇

爱情是一种缘分。在众多的异性中你偏偏选择了某一个人，或者因为对方美丽，或者因为对方温顺，或者因为对方有事业心。真正的爱情始终应当像童年一样，有哭有笑，有打有闹，时好时坏，不离不散过完每一天。爱情可以把野蛮变成温顺，可以把无望变成有望，可以把理智变成疯狂，可以把有知变成无知。爱情如同长跑，起跑容易，终点难。当你被爱情纠缠的时候，不要失去理智；当你被爱情抛弃的时候，也不要失去理智。理智可以控制大脑，理智可以防止冲动。建立美貌上的爱情，当美貌消失时，爱情也随之逐渐消失。只有建立在共同的兴趣、共同的爱好、共同的追求，爱情才会是永不消失的电波。爱情不是考验，如果我们总是对它考验、监督，这样的爱情就会变得脆弱，最终导致失败。

爱情像一团火焰扫射着他，那爱情是无限的浩大，又混合了具有憧憬、尊敬、崇拜和热望的一种奇怪感觉。

——［波兰］显克微支《你往何处去》

神仙和人都在追求恋爱。世界上除了爱情什么都没有！

——［波兰］显克微支《你往何处去》

爱情是舍身为人，不是抢夺。

——［波兰］显克微支《你往何处去》

值得人降生于世和生活下去的唯一目标，不是皇帝和宫廷，而是战争和爱情。

——［波兰］显克微支《你往何处去》

过去我认为爱情不过是血液和欲望中的火焰，而现在我才看出，一个人是可以用他的每一滴血和每一口气来相爱的，因此我感觉到这样甜蜜和不可测量的静默，仿佛睡神和死神使灵魂得到了安息。

——［波兰］显克微支《你往何处去》

爱情展翼，飞翔何速！同时又像那带翅的树种，它正随风远扬。对人来说，爱情生在心间，就如同树生于地面，你要除它，就只有连心一起除。

——［波兰］显克微支《洪流》

爱情就像一支箭，总是在猝然不测的时候穿透人的心。

——［波兰］显克微支《火与剑》

人一旦爱起来，那简直就活像是木虱在缠住你的心。

——［波兰］显克微支《火与剑》

如果你真的爱起来，你就等于跟一头熊打架，它一下能把你摔倒。

——［波兰］显克微支《火与剑》

爱情是不以人的意志为转移的，到时候生米就会变成熟饭。

——［波兰］显克微支《战场上的婚礼》

“爱情战胜一切”但是他忘记加上一句“爱情也会改变一切”。

——［波兰］显克微支《战场上的婚礼》

爱情比狼厉害，因为一个人可以杀死狼，可是他没法杀死爱情。

——［波兰］显克微支《战场上的婚礼》

一个人要是被爱情伤透了心，就像一头雄狮找机会想吞噬某一个人。

——［波兰］显克微支《战场上的婚礼》

她的美貌、她的机智、她的才艺，她可以卖给你——但是她的爱情都是金钱买不到的无价之宝。

——［美国］德莱塞《嘉莉妹妹》

她所热望的乃是爱情。没有爱情，她就像一只没有舵的孤舟漂在无边的大海上。

——［美国］德莱塞《珍妮姑娘》

只要他真的像她爱他那样爱她——或者只有一半，甚至只有极小的部分——他又何必管她是谁，过去是怎样的一个女人，或者她以往的行为如何？

——［美国］德莱塞《锁链》

不管她有什么缺点，只要她愿意，就能够使你享受到牧歌式的幸福。天哪，爱情是多么不可思议！

——［美国］德莱塞《锁链》

爱情是抵不上它引起的痛苦的。

——［美国］德莱塞《天才》

只有在相爱的时候，爱情才是真的。

——［爱尔兰］萧伯纳《真相毕露》

恋爱永远是一个蜜月。

——［爱尔兰］萧伯纳《真相毕露》

男人和女人在恋爱的名义下使彼此受痛苦。

——［爱尔兰］萧伯纳《英国佬的另一个岛》

就算我到了八十岁，我所爱的女人的一根白发，也比最美丽的年轻少女的一束金发，更令我动心。

——［爱尔兰］萧伯纳《人与超人》

纸上求爱，这也许是最有趣的求爱方式，因为是最能持久的。

——［爱尔兰］萧伯纳《萧伯纳情书 100 例》

任何形式的爱情，哪怕是最可笑的，最最荒唐的形式也是一个人的命运。

——［奥地利］茨威格《爱与同情》

一个真正的人，当他感到一个女人迷恋上他时，而他自己又无法回报她的感情，他与其说是高兴，毋宁说是惊愕。

——［奥地利］茨威格《爱与同情》

知道有人在深深爱着自己是多么美好啊，多么幸福啊……

——［奥地利］茨威格《富贵梦》

如果爱情庚续存在，就需要两个人的亲近，正如火焰需要充分的氧气才能常旺不熄似的。

——［奥地利］茨威格《巴尔扎克传》

真爱情是不能用言语来表达的，行为才是忠心的最好说明。

——［英国］莎士比亚《维洛那二绅士》

爱情的烈焰，你越是把它遏制，它越是烧得厉害。

——［英国］莎士比亚《维洛那二绅士》

你要是知道一个人在恋爱中的内心感觉，你就会明白用空言来压遏爱情的火焰，正像雾中取火一般的无益。

——［英国］莎士比亚《维洛那二绅士》

最芬芳的花蕾中有蛀虫，最聪明的人心里，才会有蛀蚀心灵的爱情。

——［英国］莎士比亚《维洛那二绅士》

当爱情发言的时候，就像诸神的合唱，使整个的天界陶醉于仙乐之中。

——［英国］莎士比亚《爱的徒劳》

爱情，它会随着全身的血液，像思想一般迅速通过了五官四肢，使每一个器官发挥双倍的效能：它使眼睛增加一重明亮，恋人眼中的光芒可以使猛鹰眩目；恋人的耳朵听得出最微细的声音，任何鬼祟的奸谋都逃不过他的知觉；恋人的感觉比戴壳蜗牛的触角还要微妙灵敏；恋人的舌头使善于辨味的巴邱斯（希腊酒神）显得迟钝。

——［英国］莎士比亚《爱的徒劳》

爱情是不用眼睛而用心灵看着的，因此生着翅膀的丘比特常被描成盲目……

——［英国］莎士比亚《仲夏夜之梦》

……爱情进入了人的心里，是打骂不走的。它既然到了你的身上，就会占有你的一切。

——［英国］莎士比亚《驯悍记》

爱情的精灵呀！你是多么敏感而活泼；虽然你有海一样的容量，可是无论怎样高贵超越的事物，一进了你的范围，便会在顷刻间失去了它的价值。爱情是这样充满了意象，在一切事物中是最富于幻想的。

——［英国］莎士比亚《第十二夜》

爱情！你深入一切事物的中心；你会把不存在的事实变成可能，而和梦境互相沟通。

——［英国］莎士比亚《冬天的故事》

我的慷慨像海一样的浩渺，我的爱也像海一样深沉；我给你的越多，我自己也越是富有，因为这两者都是没有穷尽的。

——［英国］莎士比亚《罗密欧与朱丽叶》

爱情不是花荫下的甜言，不是桃花源中的蜜语，不是轻绵的眼泪，更不是死硬的强迫，爱情是建立在共同基础上的。

——［英国］莎士比亚《莎士比亚戏剧集》

爱情里面要是掺杂了和它本身不相关涉的顾虑，那就不是真的爱情。

——［英国］莎士比亚《李尔王》

在恋爱中的人们，越是到处宣扬着他们的爱情，他们的爱情越是靠不住。

——［英国］莎士比亚《维洛那二绅士》

新的爱情最令人高兴，长久的爱情最伟大；而旧梦重温的爱情是世界上最温柔亲切的东西。

——［英国］哈代《贝妲的婚姻》

无论如何，老老实实的恋爱生活，可以医好男人在恋爱以前所不能去掉的许多坏事。

——［英国］哈代《贝妲的婚姻》

幼稚的爱情，不管怎样傻，在有心人看来，总认为是一种悲剧性的力量，不该拿它取笑。

——［英国］哈代《贝妲的婚姻》

爱情服从机缘。

——［英国］哈代《远离尘嚣》

爱情驱使一个精细人使用策略。

——［英国］哈代《还乡》

情人太老实了，爱情就成了凄凉无味的东西了。

——［英国］哈代《还乡》

平常的时候，自私常常是爱情的主要成分，并且有时还是爱情的唯一成分。

——［英国］哈代《还乡》

在爱情里，一旦有了争风吃醋的成分，一个人就会变得非常毒辣凶狠。

——［英国］哈代《无名的裘德》

世界上没有不带着妒忌的爱情，情人们总是充满了叹息和不安。

——［英国］哈代《贝妲的婚姻》

爱情的缠绵完全是舒适宁静的生活中产生的，激烈的运动将窒息一切温柔的情感。

——［法国］卢梭《爱弥儿》

在爱情上，对人的爱是专常的。如果有一次对另外一个人表现得更亲切，就会伤害感情的。

——［法国］卢梭《爱弥儿》

如果我们在结婚之后自然能保持爱情的甜蜜，我们在地上也等于进入了天堂。

——［法国］卢梭《爱弥儿》

凡是真实的爱，都是充满热情的，其所以那样地充满热情，是因为在想象中始终存在着一个真正的或虚幻的完美的对象。

——［法国］卢梭《爱弥儿》

虚荣是向对方提出种种要求而自己却什么也不给予对方，是极不公平的；反之，爱情是向对方提出了多少要求，而自己也给予对方多少东西，它本身是一种充满了公平之心的情感。

——［法国］卢梭《爱弥儿》

要使用娇羞的美态去达到道德的目的，要使用爱情的力量去增益理智的行动。

——［法国］卢梭《爱弥儿》

相爱而不相敬，是不能持久的。

——［法国］卢梭《爱弥儿》

道德的美是必然会增加你们的爱情的美的。

——［法国］卢梭《爱弥儿》

他们这种爱是建筑在终生相敬的基础上的，是建筑在不随美丽的容颜消失而消失的道德上的，是建筑在性情相投的条件上的；而性情相投可以使他们友爱相处，使他们到了老年还能过着初婚那样的甜蜜的时光。

——［法国］卢梭《爱弥儿》

强制和爱情是不能融合在一起的，要命令一方给予快乐是办不到的。

——［法国］卢梭《爱弥儿》

庄严的面纱一旦掉落，爱情就消失了。

——［法国］卢梭《爱弥儿》

爱情是排他的，是希图对方偏爱自己的。

——［法国］卢梭《爱弥儿》

爱情不仅不能买卖，而且金钱是必然会扼杀爱情的。

——［法国］卢梭《爱弥儿》

真正的爱，不管你怎么说，都始终是受到人的尊重的，因为尽管爱的美丽能使我们陷入歧途，尽管它不把那些丑恶的性质从感受到爱的心中完全排除，而且，甚至还会产生一些丑恶的性质，但它始终是受到尊重的，没有这种尊重，我们就不能达到感受爱的境地。

——［法国］卢梭《爱弥儿》

我们之所以爱一个人，是由于我们认为那个人有我们所尊重的品质。

——［法国］卢梭《爱弥儿》

仅仅感受到爱情的人还不能感受到人生最美好的东西。

——［法国］卢梭《忏悔录》

一个教育家的全部箴言也赶不上你所爱恋的一个聪明女人的情意绵绵的话语。

——［法国］卢梭《忏悔录》

爱的外表损害了真正的情谊。我们有着亲密的接触，却不是生活在亲密的情感里。

——［法国］卢梭《忏悔录》

美丽开在你脸上，爱情开在你心中。

——［法国］雨果《雨果戏剧选》

如果没有光彩夺目的爱情，生活简直就是不值一顾的破衣烂衫了。

——［法国］雨果《雨果戏剧选》

爱情是既无希望，又无边际的，它比幸福更加深沉，更加长久。

——［法国］雨果《雨果戏剧选》

爱情是多么甜蜜！知道有人爱你，拜倒在你脚下，这难道不甜蜜吗？只有两个人在一起，在夜深人静的时刻，互相倾吐爱恋之情，这难道不甜蜜吗？

——［法国］雨果《雨果戏剧选》

爱情的最高症状便是一种有时几乎无法按捺的感伤情绪。

——［法国］雨果《悲惨世界》

爱是不知足的。有了幸福，还想极乐园；有了极乐园，还想天堂。

——［法国］雨果《悲惨世界》

想要爱情把人导向某处，那是人们的一种奇怪的奢望。

——［法国］雨果《悲惨世界》

在爱情这种动人的歌剧里，脚本几乎是无用的。

——［法国］雨果《悲惨世界》

一个女人来到你跟前，一面走，一面放光，从那时起，你便完了，你便爱了。你只有一条路好走，集中全部力量去想她，以迫使她也来想你。

——［法国］雨果《悲惨世界》

爱情是各种热情的混合物，包括对肉体的崇拜和精神的崇拜。

——［法国］雨果《笑面人》

幻想是梦的粮食；在爱情中拿走了幻想，就是取掉了爱情的粮食。

——［法国］雨果《笑面人》

你能知道我对你的爱情是怎么回事，那是火，是烧熔的铝，是一千把插在我心上的刀子啊！

——［法国］雨果《巴黎圣母院》

爱人者而不被人爱是不幸的。

——［法国］雨果《巴黎圣母院》

一个人爱的时候并不慈悲。

——［法国］罗曼·罗兰《约翰·克利斯朵夫》

一个人不怕自讨苦吃的时候，才是爱情最强的时候。

——［法国］罗曼·罗兰《约翰·克利斯朵夫》

两个相爱的人，用一种深刻而虔敬的爱情相爱的人的结合，是人生最大的幸福。

——［法国］罗曼·罗兰《约翰·克利斯朵夫》

一颗真正动了爱情的心，借了爱情能造出多少又可笑又动人的幻觉，谁又说得尽呢？

——［法国］罗曼·罗兰《约翰·克利斯朵夫》

你对一个人的了解，用一分钟的爱情能比几个月的观察更有成绩。

——［法国］罗曼·罗兰《约翰·克利斯朵夫》

在爱情中间，往往是性格比较弱的一个给得多；并非性格强的人爱得不够，而是因为他强，所以非多拿一些不可。

——［法国］罗曼·罗兰《约翰·克利斯朵夫》

真正的人没有什么爱得多爱得少的；他是把自己的整个儿给他所爱的人的。

——［法国］罗曼·罗兰《约翰·克利斯朵夫》

一个人真爱的时候，甚至会想不到自己爱着对方。

——［法国］罗曼·罗兰《约翰·克利斯朵夫》

对于一颗年轻的心，爱情这股味道真是太浓了：和它比较之下，什么信仰都会显得没有意思。爱人的肉体，以及在这个神圣的肉体上而体会到的灵魂，代替了所有的学问，所有的信仰。

——［法国］罗曼·罗兰《约翰·克利斯朵夫》

在爱情上，无所谓权利。

——［法国］罗曼·罗兰《母与子》

在爱情中，除了爱的力量之外，别的都不算数。这个强烈的磁铁，将一个人的灵魂与肉体深深地嵌入另一个人身上。

——［法国］罗曼·罗兰《母与子》

人在恋爱的时候，自己的什么东西也不想保留下来。

——［法国］罗曼·罗兰《母与子》

爱情是一场决斗。如果你左顾右盼，你就完蛋了。你要眼睛盯着你对面的敌手。

——［法国］罗曼·罗兰《母与子》

如果你要别人爱你，就不要过分地露出你自己爱他。

——［法国］罗曼·罗兰《母与子》

我们在被爱者身上连缺点都爱的话，我们就更多地将自己给予别人；如果我们爱的只是美的方面，那么我们对于别人只取而不予。

——［法国］罗曼·罗兰《母与子》

理解，这有什么作用呢？理解，就是解释。而爱是不需要解释的……

——［法国］罗曼·罗兰《母与子》

一旦爱情进入低潮，生命的狂流也趋于枯竭。

——［法国］罗曼·罗兰《搏斗》

在两个夜间的伴侣之间，需要表露出来的思想，是无香味的花。

——［法国］罗曼·罗兰《搏斗》

爱情，这是一种不断的、绝对的、完全的牺牲，但是，它不是结合的双方中一方的牺牲，而是心甘情愿会为一体的两个心灵所表现的赤诚的无私。

——［法国］大仲马《不拉日隆子爵》

在恋爱上，无所谓美人，贵妇人。我亲爱的朋友们，恋爱的时候，爱的是对方的那颗心和那双眼睛。

——［法国］大仲马《不拉日隆子爵》

爱情是危险的，但是没有爱情的心是干枯的心。

——［法国］大仲马《不拉日隆子爵》

在一切的热情当中，爱情是最自私自利的。

——［法国］大仲马《三个火枪手》

人在恋爱的时候是容易相信爱情的。

——［法国］大仲马《三个火枪手》

爱情不是时间、离别和失望所能熄灭的。

——［法国］大仲马《三个火枪手》

没有什么做不到的事，对于真正的爱情来说。

——［法国］大仲马《三个火枪手》

爱情是最为炽热的感情。

——［法国］大仲马《蒙梭罗夫人》

对一个堕入情网的人来说，身边能有个人，以便经常同他谈谈自己所爱的人，这就是最大的满足了。

——［法国］大仲马《蒙梭罗夫人》

对于爱情，是不能苛求的。

——［法国］大仲马《蒙梭罗夫人》

情场得意的恋人，往往同小偷一样，具有心虚胆怯的心理。

——［法国］大仲马《蒙梭罗夫人》

真正的爱情并不是轻率的儿戏。

——［法国］大仲马《蒙梭罗夫人》

爱情未必富于诗意，但若伴随几分忧愁，那诗意就会相当浓烈。

——［法国］大仲马《蒙梭罗夫人》

真正坠入情网的女人往往都会具有那种超出常理的勇气。

——［法国］大仲马《蒙梭罗夫人》

一个心中充满爱情的人让你总是抱着朦胧的，琢磨不定的希望。

——［法国］大仲马《阿斯加尼奥》

两个毫无共同之处的人之间发生爱情是不可能的。

——［法国］大仲马《阿芒得骑士》

事情经常会如此，对有心人来说，一个女人的伤感是扎在他们心上的一把匕首。

——［法国］大仲马《王后的项链》

每一个女人，哪怕是一个很平庸的女人，只要她在真正恋爱着，爱情就能战胜一切弱点，因为真正的爱情就是一种雄心壮志。

——［法国］大仲马《玛尔戈王后》

恋爱是平凡的，有趣的，永远同样的又永远变化的。

——［法国］莫泊桑《苡威荻》

女人啊就这么糊涂；一旦心里发生了爱情，她们就什么也不明白了。

——［法国］莫泊桑《真实的故事》

但我爱上一个女人的辰光，在她的周围，世界上什么都不存在了。

——［法国］莫泊桑《漂亮朋友》

在爱情上必须敢作敢为，否则就会遭受到料想不到的挫折。

——［法国］司汤达《红与白》

一个风流的少女，很早就了解了爱情，对于爱情的波澜和苦恼，都习以为常了。当她到了真正热情奔放的年龄时，那种新鲜的迷恋的意味便丧失了。

——［法国］司汤达《红与黑》

一个二十二岁的小伙子和一个十七岁的姑娘发生了爱情，在感情发展过程中，并不一定都能审慎行事的。

——［法国］司汤达《卡斯特洛的女修道院长》

爱情是很奇异的，除了自愿分手，爱情本身就成了一种最痛苦的折磨。

——［法国］司汤达《卡斯特洛的女修道院长》

爱情可以原谅一切，只是不能宽恕负心人。

——［法国］司汤达《卡斯特洛的女修道院长》

在初恋的少女心中，会产生最热烈、最温柔、最纯洁的感情。

——［法国］司汤达《阿尔芒斯》

在爱情的一瞬间，人们享受的生活乐趣比长年累月的更多。

——［法国］司汤达《阿尔芒斯》

最美满的爱情也有狂风暴雨的时候。

——［法国］司汤达《阿尔芒斯》

我的不幸就是我爱你比爱性命还厉害。

——［法国］司汤达《法尼娜·法尼尼》

要是上帝一定要召我去的话，死在你的怀里就是我的幸福。

——［法国］司汤达《法尼娜·法尼尼》

人们一旦有了真正的爱情，便自然会感到难割难舍了。

——［法国］司汤达《法尼娜·法尼尼》

生命因为付出了的爱情而更为富足。

——［印度］泰戈尔《飞鸟集》

如果爱情的基础是健康的，心的指引就会变得十分单纯，十分美妙，理智就只好难为情地低下头；如果基础有问题，那么理智也就无能为力。

——［印度］泰戈尔《戈拉》

不管情感是哭是笑，是爱是憎，你想去问个明白，那实在是徒劳无益的。

——［印度］泰戈尔《戈拉》

你们男人越是对一个姑娘摸不透，她就越能迷惑你们！

——［印度］泰戈尔《红夹竹桃》

即使恋爱错过了成熟的时机，这一生也不是毁了完了。

——［印度］泰戈尔《情人的礼物》

小小的分离不会有什么害处，正相反，可能有些好处。

——［印度］泰戈尔《家庭中的泰戈尔》

通过肉体的结合来寻找爱情，是愚蠢的幻想。

——［印度］泰戈尔《泰戈尔评传》

爱情的真谛在于精神，而不在于肉欲。

——［俄国］列夫·托尔斯泰《克莱采奏鸣曲》

爱情就是对一个男人或者一个女人超出于对所有其他人的特别的爱恋。

——［俄国］列夫·托尔斯泰《克莱采奏鸣曲》

积极的爱，就是渴望满足爱人的一切需要、一切愿望、怪癖，甚至缺陷。像这样爱着的人们，他们的爱总是矢志不渝，因为他们爱得越久，他们越了解爱的对象，就越容易去爱，也就越容易满足对象的愿望。

——［俄国］列夫·托尔斯泰《童年 少年 青年》

财产是最无足轻重的东西，只有经得起别离的痛苦才是真正的爱情。

——［俄国］列夫·托尔斯泰《童年 少年 青年》

强求爱情近似憎恨并发展成憎恨……

——［俄国］列夫·托尔斯泰《托尔斯泰夫人日记》

爱情不是言语所能表达的，只有用生活、用生活的全部来表达。

——［俄国］列夫·托尔斯泰《哥萨克》

男女之间的爱情总有一个时候达到顶点，到了那个时候这种爱情就没有什么自觉的、理性的成分，也没有什么肉欲的成分了。

——［俄国］列夫·托尔斯泰《复活》

恋爱和表白爱情，男人比女人更容易些。

——［俄国］列夫·托尔斯泰《家庭幸福》

爱情是好东西，可是在这个世界上，它不是占第一位的东西。

——［俄国］契诃夫《三个当中选一个》

对于爱情来说，不可缺少的条件就是充分的自由。

——［俄国］契诃夫《活商品》

盲目的爱情是到处都会找到理想的美的。

——［俄国］契诃夫《活商品》

从友谊到相爱，只要跨出一步就到了。

——［俄国］契诃夫《不必要的胜利》

女人家谈情说爱可不喜欢马马虎虎，一不做，二不休，既要相会，就得挑个最荒僻难走的密林才成。

——［俄国］契诃夫《爱情》

只有热恋的人才会嫉妒……

——［俄国］契诃夫《游猎惨剧》

一个人嘛，应该能够冲动，应该能够发疯，做错事，痛苦，才行！女人会原谅你的鲁莽和无理，可是她再也不会原谅你的冷静！

——［俄国］契诃夫《阿莉雅德妮》

爱情的第一次萌芽总是使一个女孩子激动和害怕。

——［俄国］屠格涅夫《多余人的日记》

当确实有人爱您时，甚至折磨一阵受宠爱的人也是有好处的。

——［俄国］屠格涅夫《多余人的日记》

两性之间往往会由感激变成友谊，又由友谊变成爱情。

——［俄国］屠格涅夫《安德烈·科洛索夫》

一厢情愿的眷恋是苦恼。

——［俄国］屠格涅夫《安德烈·科洛索夫》

一个人在意识到他心中的爱情已经渐渐消逝时，能毅然决然地在一个痛苦而庄严的时刻，与他曾经相爱过的人分手，这种人要比无邪和懦弱，虚与委蛇的人更懂得爱的真谛。

——［俄国］屠格涅夫《安德烈·科洛索夫》

没有完全的平等就没有爱情……

——［俄国］屠格涅夫《罗亭》

人生的秘密是无穷的，而爱情本身是这些秘密中最不可捉摸的……

——［俄国］屠格涅夫《女人》

人们说得真对：人在恋爱的时候，都变成了傻瓜。

——［俄国］屠格涅夫《僻静的角落》

恋爱是人的第二生命。

——［俄国］果戈理《狂人日记》

人人都要求别人爱他，……有什么法子呢？连牲口也喜欢人家抚摸它呀。

——［俄国］果戈理《死魂灵》

爱情的品格就是诚实和健康。

——［德国］海涅《莎士比亚笔下的少女与妇人》

真正的爱情是非常害羞的，厌憎一切空话；它只能淌泪和出血。

——［德国］海涅《莎士比亚笔下的少女与妇人》

只有在爱情之中才有真实。

——［德国］海涅《罗曼采罗》

如果你爱我，姑娘，
我把花全部奉赠，
而且在你的窗前，
发出夜莺的歌声。

——［德国］海涅《海涅抒情诗选集》

再见吧，恋人！我纵在远方，我的心花儿总为你开放。

——［德国］海涅《海涅集》

爱情到来时，你既不能和它理论，也不能跟它讲价钱。

——［美国］马克·吐温《镀金时代》

受了创伤的心也可以让爱情把它医好。

——［美国］马克·吐温《镀金时代》

# 《婚姻篇》

婚姻是两个人心心相印的结合。它会给人带来幸福和快乐。爱情是花，婚姻就是果。夫妻关系也是一种人际关系，但它却是最亲密最持久的。能够白头到老的夫妻成功的秘诀在于对方能够掌握感情的“度”。争吵有上限，缓和有下限。离婚并不意味着婚姻的死亡，它可以成为新婚姻的开始。许多不幸的婚姻只不过是爱情死亡后的长期折磨挣扎而已。

你们夫妻原来是烈火干柴，所以你们的婚姻也就是保险火柴。

——［爱尔兰］萧伯纳《伤心之家》

婚姻只是以诱人的才华和欺骗的理想化为饵的陷阱。

——［爱尔兰］萧伯纳《人与超人》

嫁一个你并不爱的人，既不能保全名誉，又不是感恩知德。

——［爱尔兰］萧伯纳《伤心之家》

我们结婚了，因为彼此都感到对方是必不可少的人。

——［爱尔兰］萧伯纳《萧伯纳传》

婚姻是一桩郑重的大事，不能依靠掮客们的撺掇。什么人做他的卧榻上的伴侣，不能决定于我们要谁，要应决定于他爱的是谁。

——［英国］莎士比亚《亨利六世》

幸福的婚姻生活，往往会被卑鄙的勾当，阴险的猜忌所破坏……

——［英国］莎士比亚《亨利五世》

……男人们在未婚的时候是四月天，结婚的时候是十二月天；姑娘们做姑娘的时候是五月天，一做了妻子，季候就改变了。

——［英国］莎士比亚《皆大欢喜》

不如意的婚姻好比是座地狱，一辈子鸡争鹅斗，不得安生；相反地，选到一个称心如意的配偶，就能百年谐和，幸福无穷。

——［英国］莎士比亚《亨利六世》

婚姻不是一条锁链，而是一种结合。

——［法国］莫泊桑《漂亮朋友》

有些难于解决的事，一结婚就解决了。这种解决办法也是一个坚固的堡垒，可以躲在里面防止苦恼和绝望的折磨。

——［法国］莫泊桑《温泉》

婚姻是一种彩票；从来不必去选什么号码，凡是合乎偶尔的都是最好的。

——［法国］莫泊桑《我的妻子》

婚姻的观念本来是不住地用种种形式，种种伪装种种方法……

——［法国］莫泊桑《珍珠小姐》

一件婚姻若不是最大的幸福，便是最大的痛苦，事情几乎总是这样的。

——［法国］大仲马《玛尔戈王后》

不以利害关系来缔造婚姻是一件最高贵的举动。

——［法国］大仲马《基度山伯爵》

一件婚事，谈成以后再破裂，对女方的名声总是不利的。

——［法国］大仲马《基度山伯爵》

为了金钱而结婚是可耻的、不体面的。

——［俄国］陀思妥耶夫斯基《被欺凌与被侮辱的》

我认为，从夫妇关系上看来，讨一个饱尝人生痛苦的穷姑娘，要比讨一个过惯优裕生活的姑娘更有益，或者说，在精神上要有好处。

——［俄国］陀思妥耶夫斯基《罪与罚》

结婚是心心相印的事情。

——［俄国］果戈理《断片》

结婚这件事呀……可不像雇一辆出租马车。上哪儿去逛逛，这完全是另外的一种责任，这是一种责任……

——［俄国］果戈理《婚事》

结婚前的爱情，好比亚济科夫的短诗：它有效果，有热情，从第一次起就已把握住所有人的感情。而结婚后的爱情，则好比普希金的诗篇：它不是突然间就抓住了我们的心，但越是细看，它越是舒展、开阔，最后变成了壮伟、宽广的大洋。

——［俄国］果戈理《果戈理传》

建立在两相情愿和理智的基础上的婚姻，是人生最大的幸福之一。

——［俄国］屠格涅夫《单身汉》

白头偕老可不是一件容易事，双方要以诚相见才行。

——［俄国］屠格涅夫《单身汉》

没有共同理想的婚姻，哪怕是自由恋爱，其结果往往也是十足的荒谬。

——［俄国］屠格涅夫《安德烈·科洛索夫》

结婚原是一件大事，是全部人生的试金石。

——［俄国］屠格涅夫《希格雷县的哈姆莱特》

结婚要情投意合。

——［俄国］屠格涅夫《僻静的角落》

结婚这种事确实可怕……可是从另一方面来讲，保持自由又有什么用场？孩子式的胡闹也到了该结束的时候了。

——［俄国］屠格涅夫《绳从细处断》

# 《家庭篇》

家庭是隐藏不良习气和缺点的场所，同时他也是蕴藏温馨甜蜜的地方。家庭是我们自己的小天地，我们每个成员都有责任把它管理好，建设好。家庭是社会的细胞。每个家庭平安无事、和和睦睦，整个社会也会太平稳定。幸福的家庭不是从天而降的，它也不是高不可攀的。只要全体成员怀着一个共同的目标，齐心协力去建设，梦想就会变成现实。和睦相处的家庭，随着家庭成员的成长带来的问题也会增多。如何处理好家庭的麻烦，不比管好一个大企业省心。家庭是培养孩子良好习惯，文明礼貌的好场所。如果孩子能够受到良好的熏陶，他一生都会受益的。对孩子来说，家庭是歇息的场所，是幸福的乐园。

和睦家庭空气是世界上的一种花，没有什么东西比它更纤弱，没有什么比它更娇嫩，没有什么东西比它更能把在家里成长、养育的人的天性变得坚强和正直。

——［美国］德莱塞《嘉莉妹妹》

这种家庭是靠了习惯势力和社会舆论的势力维持着的。随着时间的推移，这关系一定会变得越来越枯燥——直到最后变成火种，很容易着火，把一切都烧毁。

——［美国］德莱塞《嘉莉妹妹》

容忍和体贴，没有这两件东西，家庭还成什么家庭呢。

——［美国］德莱塞《嘉莉妹妹》

这个家是因为有她对于每个人每件东西的爱情和顾念而后结成而后美满的。

——［美国］德莱塞《珍妮姑娘》

生活的健全得当不是依赖正当的道德行为吗？世界不是依靠家庭怎样管理的吗？倘若一个人的父母先在他面前表现得不好，他怎么会好呢？如果人们很轻率地到处发生不正当的关系，怎么能期望世上的儿女做什么了不起的人物呢？

——［美国］德莱塞《天才》

生活就是这样组织成的，应该是这样的——它的奠基石就是家庭。

——［美国］德莱塞《金融家》

在家庭中母亲有特殊的作用，她能使男孩子特有的野性变得温顺些。

——［爱尔兰］萧伯纳《卡歇尔·拜伦的职业》

家庭中总要有人从实际上来看问题，不然的话，会搞得我们大家同归于尽的。

——［英国］哈代《贝妲的婚姻》

以利害打算为基础的家庭里，不可能有幸福。

——［英国］哈代《英国文学史》

妻子一定要离开父母和家庭，她一定要跟随丈夫。

——［英国］司汤达《卡斯特洛的女修道院长》

即使在最和睦的家庭里，这样的情况也很罕见，这两个人（母女）中的任何一个都真正感到自己的幸福存在于另一个人的幸福之中。

——［英国］司汤达《红与绿》

父子之间，感情虽然十分融洽，但是一见了面，反而无话可说了。

——［英国］司汤达《红与黑》

要维持一个家庭的融洽，家庭里必须要有默认的谅解。

——［法国］大仲马《基度山伯爵》

孩子，你看，这就是人世间最可爱的东西：炉边，一家人团聚在炉边。没有比这更有意思的了。

——［法国］莫泊桑《一生》

家庭不过是一种互助的组织形式，为了掩盖人的本性的多样化的需要，用伦理道德的幌子是必不可少的；所谓当今世界上所说的名誉，只是一块掩盖那些男女间暧昧关系的遮羞布罢了。

——［法国］莫泊桑《温泉》

日子过得孤零零的，好胜心支离破碎，她把希望统统集中在这孩子身上。他梦想高官厚禄，看见他已经长大成人，漂亮，有才情，成了土木工程师或者法官。

——［法国］福楼拜《包法利夫人》

在外千日不如在家一天。

——［俄国］契诃夫《农民集》

家庭里最要紧的就是规规矩矩，有条不紊。

——［俄国］契诃夫《不得已而为之的骗子》

家庭生活是好事……它是每个人的责任！

——［俄国］契诃夫《游猎惨剧》

在妇女染有庸俗习气的家庭里，最容易培养出骗子、恶棍和不务正业的东西来。

——［俄国］契诃夫《手记》

# 《男人篇》

男人最大的财富不是金钱而是对妻子的爱。真正的男子汉喜欢冒险和游戏。一个男人如果不显示他的男子汉气概和威风，他就很难树立自己的形象和权威。男人要想征服女人的心，就要表现出男子汉的气派，干出点名堂来。男人越高尚越伟大，他对爱的要求也就越深沉越长久。大多数男人所喜欢的是女人的美和善，至于其余的一切如事业功名之类的东西，都是奢侈品。大凡男人追求女人的时候，嘴巴里说出的话都是甜甜的，所有的承诺都会让你相信它是可信的。恭维往往使男人飘飘然，甚至丧失理智。

男人是易动感情的，他们的诺言多么没有价值。

——［美国］德莱塞《天才》

男子们克服爱情上的失意比克服金钱上的失意容易多了。

——［爱尔兰］萧伯纳《人与超人》

男人除非是拿着火钳，穿着大钉靴，绝不会是女人的对手。就是那么做也未必永远是对手。我总不能拿起火钳对付她。那我只好做一个奴隶了。

——［爱尔兰］萧伯纳《人与超人》

男人应该帮助女人摆脱困境，但切记不要让她过分依赖你。

——［爱尔兰］萧伯纳《卡歇尔·拜伦的职业》

男人多半爱坚持自己的意见。

——［爱尔兰］萧伯纳《卡歇尔·拜伦的职业》

男人的拿手好戏——总想把责任推在女人身上。

——［爱尔兰］萧伯纳《鳏夫的房产》

一个男人的自尊心若是受了伤害，他会让种种指责落在一个女人的头上。

——［法国］大仲马《三个火枪手》

男人最不相信的事情就是女人的晕倒，可是正是这种晕倒能把双方都哄骗过去。

——［法国］大仲马《阿基德骑士》

一个男人需要清晰的思想——不论是正确的或不正确的——以便给自己的激情贴上标签。

——［法国］罗曼·罗兰《母与子》

男人们是虚弱的。他们不能忍受任何真实情况。

——［法国］罗曼·罗兰《母与子》

男人敬爱一个女人时，他永远是她的孩子。

——［法国］罗曼·罗兰《先驱者·给垂死的安蒂戈尼》

男人是把自己一大半交给智慧，只要有过强烈的感情，绝不会在脑海中不留一点痕迹，不留一个概念。他可能不再爱，却不能忘了他曾经爱过。

——［法国］罗曼·罗兰《约翰·克利斯朵夫》

男人只要有人奉承，使他的骄傲与欲望获得满足，就极容易上当；而富于幻想的艺术家更容易受骗。

——［法国］罗曼·罗兰《约翰·克利斯朵夫》

我们越排除妇女，在生活中越不重视她们，我们男人就变得越虚弱。

——［印度］泰戈尔《戈拉》

对于男人来说，女人对自己的崇拜却是一种意外的收入。

——［印度］泰戈尔《新郎与新娘》

每个体面的男人都应该怕一个女人，这是我的信念，是感觉。男人应该宽容大量，这不会使男人丢脸。甚至也不会使一位英雄丢脸，使恺撒丢脸。

——［俄国］陀思妥耶夫斯基《卡拉马佐夫兄弟》

# 《女人篇》

温柔是女性美的根本特征，是最可爱之处。它更有吸引力，更能令男性青睐。一个女人只要她真心地爱上一个人，她就会像母亲爱护孩子一样地爱护他呵护他，心甘情愿，毫无怨言。成熟的女人为自己而生活，不成熟的女人为别人而生活。再聪明伶俐的女人，一旦被感情所俘虏，她就会变得像一头小绵羊。女人有知识，懂生活，会持家，才不会被时代淘汰，才能与男人享有同等地位，才能过上幸福的生活。

活力和勇气是一个女子所有的最伟大的特性。

——［爱尔兰］萧伯纳《人与超人》

女人的活力是生物的一种盲动，她因此而牺牲了自己。

——［爱尔兰］萧伯纳《人与超人》

女人魅力中最可怕的一面，那就是她使你愿意毁灭自己。

——［爱尔兰］萧伯纳《人与超人》

人家一看见她，就觉得她是一个自觉被人看作是愚蠢和被忽视的女人，她虽然没有充分的力量来实际维护自己的权利，但至少不甘屈服于命运之下。

——［爱尔兰］萧伯纳《人与超人》

一切胆小的女子都是墨守成规的……

——［爱尔兰］萧伯纳《人与超人》

那些能自我牺牲的女子，正是那些不顾一切牺牲别人的人。因为她们不自私，她们对小事情非常关心。因为她们有一种目的，这不是他们自己的目的，而是宇宙的，一个男子对她们来说，不过是达到那目的的工具而已。

——［爱尔兰］萧伯纳《人与超人》

一定要学习使用你的脑筋，一个呆头笨脑的女人，除了仅仅是男人的消遣品之外，还有什么用处呢？

——［爱尔兰］萧伯纳《真相毕露》

甜蜜蜜的家简直是女孩子的牢狱，妇女的囚笼。

——［爱尔兰］萧伯纳《真相毕露》

任何一个姑娘都有被人爱的权利。

——［爱尔兰］萧伯纳《卖花女》

天下有着许多的女人，然而她们个个都想要你记得她们，好像世界上只有一个女人一样。

——［爱尔兰］萧伯纳《圣女贞德》

在大多数女人的眼中，一个男人和她的一生便是她的世界。

——［爱尔兰］萧伯纳《萧伯纳情书100例》

我们女人所以对你倾心，并不是因为你是一个政治家，而是因为你是一个敢作敢为的男子汉，一个英勇的战士，一个漂亮的武人。

——［爱尔兰］萧伯纳《萧伯纳戏剧集》

至诚的女人，一旦爱了，爱便是强烈的。

——［波兰］显克微支《洪流》

你该懂得，如果一个女人恨透了你，那你准逃不了，哪怕你藏到地板缝里去，她都得用髻钗儿，不把你剔出，誓不罢休。

——［波兰］显克微支《洪流》

美丽的女人永远是体重多少就值多少黄金，如果再加上爱情，她简直是无价之宝了。

——［波兰］显克微支《你往何处去》

谁都知道，一个女人想要得到什么东西，反对是没有用的，反对了也没有什么好处。

——［波兰］显克微支《十字军骑士》

一个很好的女人，应该性情温和，心地善良。

——［美国］德莱塞《金融家》

一个成年的女人，负有若干严肃的责任。

——［美国］德莱塞《巨人》

她坚决认为女子除了结婚以外，还有其他别的事业好做；她还认为凡是为了种种原因而没有结婚的女子，除非她们有若干兴趣能够得到发展，便很有厌倦人生的危险。

——［美国］德莱塞《堡垒》

女人是怕羞的，不定的，在心情上像傻子似的前后矛盾的，哪怕是对于她们心里最想念的事情。

——［美国］德莱塞《巨人》

在所有的生物中，女人最怕的是女人，而且在所有的女人中，最怕的是又聪明又美貌的女人。

——［美国］德莱塞《巨人》

当女人发现了一个男人的爱慕之情是非常明显而慷慨布施的，她对这人的看法就会降低。她认为世界上只有一个人应备受恭维，那就是她自己。

——［美国］德莱塞《嘉莉妹妹》

当一个男人不管怎样不得已而成为妨碍女人满足欲望的障碍物的时候，他就在她的眼中成为可厌的东西。

——［美国］德莱塞《嘉莉妹妹》

一个温柔、随便，不是自私自利的女子，男子们自然要向她蜂拥而来。

——［美国］德莱塞《珍妮姑娘》

完美的女人，只是一个用自己的双手，用自己的脑力，用自己的热心，给别人做好事的女人。

——［英国］哈代《德伯家的苔丝》

完美的女人，是操劳勤苦的女人，并不是好吃懒做的女人，阔绰优游的贵妇人。

——［英国］哈代《德伯家的苔丝》

有才有德的妇人不易得，因为她的价值比珠宝玉石贵重得多。

——［英国］哈代《德伯家的苔丝》

一个女人的直觉，不但使她感到自己的辛酸与快乐，并且使她感到她的丈夫、她的孩子们的辛酸与快乐。

——［英国］哈代《德伯家的苔丝》

大多数妇女都习惯于把一时心里所想到的看法，当作永远不能更改的事实。

——［英国］哈代《德伯家的苔丝》

一个女人会欣然接受她觉得甜蜜的那种严酷，也会欣然接受她并不觉得冒犯的那种粗鲁。

——［英国］哈代《远离尘嚣》

所有的女人的内心世界都是相似的。

——［英国］哈代《远离尘嚣》

有些女人，接受别人的爱老没有满足的时候。

——［英国］哈代《无名的裘德》

一个女人，一旦恨起另一个女人，她就毫无慈悲了。

——［英国］哈代《还乡》

一个女孩子脸上的红晕，来得快去得也快。

——［英国］哈代《还乡》

女人用宛转曲折的行动去达到她的愿望。

——［英国］哈代《还乡》

有些性情热烈的女人，平常总是为了爱情而自寻苦恼。

——［英国］哈代《还乡》

一个女人，固然重感情，但是她也并非就完全没有理性啊！

——［英国］哈代《还乡》

一个女孩子只要一旦相信她自己会在某时某地和某人一见倾心，那么那件事实际上就等于已经成功了。

——［英国］哈代《还乡》

倘若一个女孩子漂亮得很，处境如意，又是生平第一次能够随意支配金钱，那么她一定会专门在衣服上下功夫。

——［英国］哈代《卡斯特桥市长》

女人的本性就是这样——她们把外表当作本质。

——［英国］哈代《贝妲的婚姻》

女人具有一种超脱女性的判断力之可贵，和做一个失去女性的女人之可悲，程度是一样的。

——［英国］哈代《贝妲的婚姻》

社会有充分的理由只允许三种女人——有名的、服务的和不正派的——独自在外面活动，不必有人陪伴。

——［英国］哈代《贝妲的婚姻》

一个能够吸引人的妇女总有机会去嫁给一个地位比自己高得许多的男子。

——［英国］哈代《让妻高兴》

女人的细心，有时候可以想入非非。

——［法国］司汤达《红与黑》

女人的本能，使她知道这种窘迫绝不是温柔的爱情。

——［法国］司汤达《红与黑》

女人常变，信者实愚。

——［法国］司汤达《红与黑》

常言说女人一辈子只疯狂一次……

——［法国］司汤达《红与白》

一个二十四岁的年轻寡妇，……她想找一个丈夫，希望有人保护，有人支持，这有什么不对?

——［法国］司汤达《红与白》

女性可爱的敏锐细腻使你们的青春年华和花容月貌大放异彩，哪怕是稍稍伤害它，我都会非常伤心。

——［法国］司汤达《红与白》

一个轻浮的女人是不可能受一个值得尊敬的男人的尊敬的。

——［法国］司汤达《红与白》

如果你巴结女人，女人就不会尊敬你。

——［法国］司汤达《红与白》

一颗真正女人的心需要男人的爱怜，就像我们在交谈的时候少不了对方一样。

——［法国］司汤达《红与白》

少女们对什么都要笑。这不正是表示她们无处不看到幸福吗？

——［法国］司汤达《拉辛与莎士比亚》

年轻女人，她们为悲剧倾注了那么多的眼泪。

——［法国］司汤达《拉辛与莎士比亚》

一个四十岁的女人，除了在她年轻时候爱过她的男人们以外，是没有人会动心了。

——［法国］司汤达《巴马修道院》

其实女人的感受力比理解力强多了，只要用感情先触动她们的思想，她们就能捕捉住艺术的隐喻和内在的含义。

——［法国］莫泊桑《温泉》

女性的爱情，肉体的爱情；就在她们的柔顺态度里，在她们和他说话而用的声音和委婉意味里，在她们低垂的眼睛里，在她们因为遇着他用强硬态度相待而忍住的眼泪里，无处不有这种可唾骂的温和亲爱的存在。

——［法国］莫泊桑《月色》

妇人是大自然给我们的，我们可以在她们怀中倾注欲望与痛苦的火烫的波涛，或是将她的波涛和我们的波涛汇合起来。

——［法国］罗曼·罗兰《母与子》

一个女子即使赌输了，她也相信最后总会赢的。

——［法国］罗曼·罗兰《母与子》

爱情在女子身上，不但唤醒了恋人，而且唤醒了母亲。她自己不知道：这两种企望，融合成为一种情感。

——［法国］罗曼·罗兰《母与子》

一个女子要争取一个男人的时候，她照着镜子，使自己的智巧，和她的眼色一样，按男人所喜爱的样子去装扮。

——［法国］罗曼·罗兰《母与子》

一个女人是忍不住要以冲撞另一个女人作为乐趣的。

——［法国］罗曼·罗兰《母与子》

每个女人都有自己的偶像！如果无论如何要一个偶像，善良的上帝比别的还强些！至少是纯良的。

——［法国］罗曼·罗兰《母与子》

两个女人在一块儿等于一个陌生的世界。

——［法国］罗曼·罗兰《约翰·克利斯朵夫》

一个女人最得意的是能相信自己在对付一个比她更弱的男子。那时不是她的弱点，而是她的优点——她的母性本能，也得到了满足。

——［法国］罗曼·罗兰《约翰·克利斯朵夫》

女人早晚必有些心地善良的时间，只要你耐心等待。

——［法国］罗曼·罗兰《约翰·克利斯朵夫》

女人有种可怕的特长，能够一下子完全改变。

——［法国］罗曼·罗兰《约翰·克利斯朵夫》

提防女人，特别是有钱的女人。

——［法国］罗曼·罗兰《约翰·克利斯朵夫》

就在最规矩的女人身上有时也会露出风骚的本相。

——［法国］罗曼·罗兰《约翰·克利斯朵夫》

至于女人呢，就算是最善良的，心里往往也有黑暗的曲径，有刺不透的冷酷，有怨有恨。

——［法国］罗曼·罗兰《搏斗》

要知道，女人可是人类生活光荣与骄傲的象征啊！

——［法国］大仲马《布拉日隆子爵》

女子总是年轻的；在心灵的角落里，总还有二十岁的感情。

——［法国］大仲马《布拉日隆子爵》

新奇是女人们最为珍视的优点。

——［法国］大仲马《布拉日隆子爵》

对一个十八岁的少女来说，生活就是爱情。

——［法国］大仲马《布拉日隆子爵》

当一个靠本能靠天真招人喜欢的风流女人，这乃是风流女人中最危险的一种。

——［法国］大仲马《布拉日隆子爵》

当一个女人使一个男子燃烧起了爱情之火，又眼看着被火焚身而不去扑灭，依我看，她是个卑鄙的女人。

——［法国］大仲马《布拉日隆子爵》

凡是有关计谋的事情，女人的危险不知比男人要大多少倍。

——［法国］大仲马《三个火枪手》

反复无常原是女性生活的要素之一。

——［法国］大仲马《基度山伯爵》

自己所爱的女人是神圣的。

——［法国］大仲马《基度山伯爵》

愁闷是漂亮的女人最靠得住的迷惑人的方法；愁闷是使所有男子都会钟情。

——［法国］大仲马《红屋骑士》

任何一个漂亮的姑娘的影子，总是一个多情的男子。

——［法国］大仲马《阿斯加尼奥》

当一个女人不属于任何男人时，随便哪个男人都有权取得她的爱。

——［法国］大仲马《阿斯加尼奥》

能干的女人总是善于发现能干的男人的弱点。

——［法国］大仲马《王后的项链》

不幸的是，女人由于自古以来的从属地位，高低贵贱要看她靠的是什么人。

——［法国］大仲马《阿芒得骑士》

女人只有在有了意中人后才会显得更加迷人。

——［法国］大仲马《蒙梭罗夫人》

女人总是有点儿喜欢梦想：年轻的憧憬未来，年老的回忆过去。

——［法国］大仲马《双雄记》

没有什么比辩才更能引起女人的兴趣了。可怜的女人，她们完全不明白一个能听话的丈夫，比一个能说话的丈夫，不知要强多少倍。

——［印度］泰戈尔《沉船》

做妻子的越是贤良，她受到的待遇就会越是难堪。

——［印度］泰戈尔《沉船》

看到一个品德高尚的女人挥动着一把扫帚，就会觉得那扫帚的每一部分在我们眼前闪着像太阳一样的光芒。

——［印度］泰戈尔《沉船》

家事操作能使女性的美以各种不同的形式表现出动

人的风姿。

——［印度］泰戈尔《沉船》

六个男人办不到的事，一个女人就办成了。

——［印度］泰戈尔《戈拉》

妇女只有作为母亲，作为贞洁诚实的主妇才真正值得人们礼拜。

——［印度］泰戈尔《戈拉》

要猜透一个女人，即使是一个幼女的内心奥秘，也是难上加难。

——［印度］泰戈尔《客人》

女人的头脑是怎样构成的。她们嘴上说“不”的时候，心里是说“同意”。

——［印度］泰戈尔《弃绝》

造孽是容易的，可是要弥补它，对于一个女人却格外困难。

——［印度］泰戈尔《家庭与世界》

我们女人好比一条河：当我们沿着堤岸流的时候，我们便尽力来灌溉；当我们涨上了堤岸的时候，我们便任情去破坏。

——［印度］泰戈尔《家庭与世界》

当母亲从婴儿的口中拿开右乳的时候，他就啼哭，但他立刻又从左乳得到了安慰。

——［印度］泰戈尔《吉檀迦利》

母亲不仅仅属于家庭，而且还属于世界。我尝过做母亲的痛苦，但却没有领略做母亲的自由。

——［印度］泰戈尔《一个女人的信》

母亲总是为孩子的无礼流泪；情人永不磨灭的忠诚总是把背叛的矛头藏在自己的伤口里。

——［印度］泰戈尔《采果集》

一个女人尽管原来在性格上要比男人柔弱无能得多，在有的情况下她却能够突然一下子变得强硬坚定起来，不但胜过男人，而且胜过世界上所有的一切。

——［俄国］果戈理《死魂灵》

从女士方面流露出来的也还是那样一种神情，它可以叫一颗可怜的凡心既萌生希望，同时又尝到甜滋滋的痛苦。

——［俄国］果戈理《死魂灵》

你要相信，每个女人的生活，不论她嘴里怎样说——总是寻找一个她应当服从的人。可以说，渴望服从。你要注意——无一例外。

——［俄国］陀思妥耶夫斯基《少年》

假如一个女人爱你，她就喜欢你把她紧紧地握在手掌之中。女人喜欢男人有坚强的意志力。

——［俄国］陀思妥耶夫斯基《少年》

一个刚强的女人对一个懦弱的男人的爱情，有时会比个性相同的两性的爱情无比地强烈和令人痛苦，因为你会不由自主地替自己懦弱的朋友负担责任的。

——［俄国］陀思妥耶夫斯基《少年》

俄国女人一爱上你，就会一下子把一切都奉献出来——在那一瞬间，把她的整个命运以及她的现在和未来都奉献出来：她们不会节制，不会留有余地，她们的美貌很快地在她们所爱的男人身上消耗殆尽。

——［俄国］陀思妥耶夫斯基《少年》

女学生变幻不定：时而别树一帜地天真活泼、讨人喜欢，时而忧郁、沉思、多怪、善疑、好哭、不安。

——［俄国］陀思妥耶夫斯基《白痴》

女人会用狠心和嘲弄折磨男人而一点不受良心的责备，因为她每次瞧着你心里总这样想："眼下先把他折磨得半死不活，将来再用我的爱对他补报……"

——［俄国］陀思妥耶夫斯基《白痴》

某些女人心中的慈悲、同情和宽恕确实无量无边，什么都能忍受。

——［俄国］陀思妥耶夫斯基《小英雄》

女人的眼泪是不值钱的。女人的眼泪像水一样。

——［俄国］屠格涅夫《美人梅奇河的卡西央》

人都知道在悬崖绝壁的边缘上走路，是女人喜欢的一种消遣。

——［俄国］屠格涅夫《普宁与巴布林》

对一个没有经验的、胆小的、自尊心强的少女来说，用智慧比用心灵更容易引诱她。

——［俄国］屠格涅夫《三幅画像》

我知道一些心灵洁白无瑕的女人，虽然十分聪明但仍像孩子似的天真，正因为这种纯洁和天真，她们比其他的女子更容易沉湎于突然爆发的迷恋。

——［俄国］屠格涅夫《春居一月》

华而不实的女人，总是爱装腔作势，爱耍脾气。

——［俄国］屠格涅夫《旅店》

女人的意志就是神的意志——
要是女人是神的母亲，
神就有双重的意志。

——［德国］海涅《罗曼采罗》

女人一多，虱子就多，
虱子一多，奇痒难受——
她们暗暗地咬痛了你，
可是不许你开口。

——［德国］海涅《罗曼采罗》

# 【惜时篇】

时间就是生命。能认识到这一点当然好，如果再能落实到实际行动上，那就好上加好了。时间对懒人来说，总觉得它有的是；对勤快人来说，总觉得它不够用。能把“来不及”和“没时间”变成“来得及”和“有时间”，那么时间所产生的价值就不可估量了。节省时间就等于增加财富，因为财富是用时间创造和积累的。谁虚度年华，谁就是让青春早逝；谁浪费时间，谁就是让生命早逝。古人和今人关于珍惜时间的名言警句不计其数。关键是我们能够将这些教诲落实在一天里的每一件事上，日积月累，这样你就会成为精神富翁，财富老板。

……时间是审判一切罪人的法官……

——［英国］莎士比亚《皆大欢喜》

……上天是公正的，时间会给坏人坏事以报应。

——［英国］莎士比亚《亨利六世》

一时间的憎嫌，往往引起过后的追悔；眼前的欢娱冷淡下来，便会变成悲哀；喜怒哀乐，都只在一转手之间。

——［英国］莎士比亚《安东尼与克莉奥佩特拉》

若是知道一个人的寿命有多长，就该把一生的岁月好好安排一下；多少时间用于畜牧，多少时间用于休息，多少时间用于沉思，多少时间用于嬉乐。

——［英国］莎士比亚《亨利六世》

时间是无声的脚步，往往不等我完成最紧急的事务就流过去了。

——［英国］莎士比亚《终成眷属》

时间在过去……，每一秒钟都有它的价值。

——［法国］大仲马《红屋骑士》

一个善于使用时间的人，是不会感到忧虑的。

——［法国］大仲马《蒙梭罗夫人》

要善于等待时机。

——［法国］大仲马《蒙梭罗夫人》

当一个除掉敌人的机会出现的时候，就要好好利用，好机会并不是经常有的。

——［法国］大仲马《双雄记》

机会不是每天都能出现的，而它出现的时候，就不能放过去。

——［法国］大仲马《阿芒得骑士》

啊！春天是一年的青春！

啊！青春是生命的春天！

——［法国］雨果《雨果诗选》

衰老是从眼前开始的。

——［法国］雨果《吕意·布拉斯》

人总是要老的，要不虚度岁月，就要让恩爱的时刻使我们的锦绣生活闪闪发光。

——［法国］雨果《雨果戏剧选》

随着青春的消失，春天也就过去了。

——［俄国］契诃夫《在春天》

一天不会出两次太阳，人死也不会复生——抓住你下半辈子的生活，珍重你的下半生……

——［俄国］契诃夫《匿名的故事》

生命只有一次，绝不会来第二回；要是他能够拉回过去的岁月，他一定要用真理代替虚伪，用工作代替懒惰，用幸福代替烦闷。

——［俄国］契诃夫《决斗》

要紧的是不要白白浪费青春和弹性：现在您要埋头

工作才好。

——［俄国］契诃夫《契诃夫论文学》

我是这样珍惜生命，这生命我只能得到一次，我要好好干一番事业，绝不能将光阴虚掷。

——［俄国］契诃夫《补遗》

给我吧，还我，还我青春，还我青春力量的堡垒，还我，还我朝气，还我过去的一切！

——［俄国］果戈理《果戈理传》

我发过誓：在我短暂的一生中，在我没有作出贡献之前，我绝不浪费一分钟！

——［俄国］果戈理《果戈理传》

# 知识篇

科学是最有价值的知识，科学是推动社会的原动力。对生命来说，知识是必需的营养品。有学问的人走到哪里都会受到人们的尊敬，走到任何一个地方都有施展才能的机会。知识靠积累。只有先学习别人的，然后才能有自己的见解。知识不能单从书本上获得，还可以从实践经验中学。学问不是用来炫耀自己的光环，不是用来作为谋求私利的敲门砖，而是用来解决问题，用来追求真理。有知识不正直，私欲重是危险的，也是可怕的；无知识正直，是软弱的，也是没出息的。年轻人喜欢用华丽的外衣装饰自己，这是无可非议的，但千万不要忘了用知识武装头脑。

知识是权力，我绝不出卖权力。

——［爱尔兰］萧伯纳《华伦夫人的职业》

讳莫如深，装腔作势，是学习知识的大敌。

——［爱尔兰］萧伯纳《卡歇尔·拜伦的职业》

无知无识的人，总是受苦的。

——［爱尔兰］萧伯纳《圣女贞德》

那些不愿意学习的人不是不想变得聪明一些。不是比那些博学者懒惰，而是他们希望人家认为自己无所不知。

——［爱尔兰］萧伯纳《卡歇尔·拜伦的职业》

要提防那些书本啃得多而事情干得少，或者爱啃书本，不大爱干事的人。

——［爱尔兰］萧伯纳《卡歇尔·拜伦的职业》

学问是我们随身的财产，我们自己在什么地方，我们的学问也跟着我们在一起。

——［英国］莎士比亚《爱的徒劳》

学问就像高悬中天的日轮，愚妄的肉眼不能测度它的高深；孜孜矻矻的腐儒自首穷年，还不是从前人书本里掇拾些片爪寸鳞？那些自命不凡的文人学士，替每一颗星球取下一个名字；可是在众星吐辉的夜里，灿灿的星光一样会照射到无知的俗子。过分的博学无非浪博虚声，每一个教父都会替孩子命名。

——［英国］莎士比亚《爱的徒劳》

学问不过是一堆被魔鬼看守着的黄金……

——［英国］莎士比亚《亨利四世》

一个人长得漂亮是偶然的运气，会写字会念书才是天生的本领。

——［英国］莎士比亚《无事生非》

学问必须合乎自己的兴趣，方才可以得益。

——［英国］莎士比亚《驯悍记》

他接受学问的熏陶，就像我们呼吸空气一样，俯仰之间，皆成心得，在他生命的青春，已经得到了丰富的收获。对于少年人，他是一个良好的模范；对于涉世已深之辈，他是一面可资取法的明镜；对于老成之士，他是一个后生可畏的小子。

——［英国］莎士比亚《辛白林》

在任何情况下，你都要学习——以更换学习内容作为你的休息。

——［法国］大仲马《大仲马传》

读书使我在普遍的野蛮中恢复文明的感觉。

——［法国］司汤达《司汤达和〈红与黑〉》

书本是他行为的唯一主宰，是喜爱眷恋的对象。当他失意沮丧时，他仍然在书籍里找到幸福、狂喜和慰藉。

——［法国］司汤达《红与黑》

我爱音乐，我爱绘画。一本好书，对于我就是一桩大事情。

——［法国］司汤达《红与黑》

古人作品中好的和美的东西难道不是万古长存的？

——［法国］司汤达《拉辛与莎士比亚》

读书识字能激发人的自信心。

——［俄国］陀思妥耶夫斯基《死屋手记》

街头知识和任何学问一样，也是一门学问。

——［俄国］陀思妥耶夫斯基《少年》

有的人满肚子学问——还是有烦恼。我认为知识越多，烦恼也就多。

——［俄国］陀思妥耶夫斯基《少年》

我如饥似渴地开始读书，不久便完全入了迷。……仿佛获得了极其充足的新的食粮，仿佛找到了一条正确的道路。

——［俄国］陀思妥耶夫斯基《涅朵琦卡》

人类所了解的知识，要比迄今为止已由科学和艺术讲述出来的多得多。

——［俄国］陀思妥耶夫斯基《给友人的信》

没有知识，就不可能对生活做出正确的解释。

——［苏联］高尔基《浪漫派》

知识会变成信仰，信仰反过来又点燃起强烈的求知欲。

——［苏联］高尔基《意大利童话》

没有学问如同没生下来一样。

——［苏联］高尔基《阿尔塔莫诺夫家的事业》

一个人没有学问，就跟一头牛没有区别，不是带上躯架，便是给人宰了吃肉，它还尽摇晃着尾巴。

——［苏联］高尔基《人间》

在知识界，什么都不信的人到底还会相信自己，相信自己的个性，自己的意志力。

——［苏联］高尔基《马特维·科热米亚金的一生》

科学是一种强大的智慧力量，它致力于破除禁锢着我的神秘的桎梏……

——［苏联］高尔基《瓦莲卡·奥列索娃》

应当随时学习，学习一切；应该集中全力，以求知道得更多，知道一切。

——［苏联］高尔基《文学书简》

不仅要向古典作家学习，而且也要向敌人学习，只要敌人是聪明的。学习并不就是模仿，而是要精通技术的方法。掌握工作方法，绝不是说要一辈子墨守成规。

——［苏联］高尔基《论文学》

我读得越多，书就使我和世界越接近，生活对我变得更加光辉，更加美丽。

——［苏联］高尔基《我怎样学习的》

读书是好的，但必须记住，书不过是书，要自己动脑筋才行！

——［苏联］高尔基《在人间》

# 真善美篇

真实是最美的，而谎言是最丑的。真诚能唤醒人们沉醉的心灵并为之而行动。一个对家人和亲朋好友都虚伪的人，绝不可能对众人真诚。真理只有一个，它是客观存在的，绝不能因统治者嘴大而改变。用实践去检验真理，这是保证真理客观性的可靠方法。善良是心灵的美德，是一种行为，善可以想象出恶的模样，而恶却想象不出善的模样。善良行为能医治人们心灵和肉体的创伤。当一个人怀着善意讲话和做事时，幸福和康健就会随之而来。世界上没有美，丑就会泛滥。美德无须伪装，而是美好心灵的自然表现。世上并不缺少美，而是有的人缺少审美的眼睛。美貌确实令人赞赏，但它还必须要有精神魅力的支撑，否则它不会长存的。

“美”若一死，宇宙也就要再一度混乱混沌。

——［英国］莎士比亚《维纳斯与阿都尼》

……当着整洁曼妙的美人之前，蓬头垢面的懒妇是只会使人胸中作恶，绝对没有迷人的魅力。

——［英国］莎士比亚《辛白林》

越是漂亮的脸蛋，越是经不起岁月的摧残。

——［英国］莎士比亚《亨利五世》

……美丽可以使贞洁变成淫荡，贞洁却未必能使美丽受它自己的感化。

——［英国］莎士比亚《哈姆莱特》

极香的东西一腐烂就成极臭，烂百合花比野草臭得难受。

——［英国］莎士比亚《十四行诗》

一件善事也正像这支蜡烛一样，在这罪恶的世界发出的光辉。

——［英国］莎士比亚《威尼斯商人》

善恶的区别，在于行动的本身，不在于地位的有无。

——［英国］莎士比亚《终成眷属》

慈悲不是处于勉强，它是像甘霖一样从天上降下尘世；它不但给幸福于受施的人，也同样给幸福于施与的人；它有超乎一切的无上威力，比皇冠更足以显出一个帝王的高贵；御杖不过象征着俗世的威权，使人民对于君上的尊严凛然生畏；慈悲的力量却高于权利之上，它深藏在帝王的内心，是一种属于上帝的德行……

——［英国］莎士比亚《威尼斯商人》

对杀人的凶手不能讲慈悲，否则就是鼓励杀人了。

——［英国］莎士比亚《罗密欧与朱丽叶》

普遍的、抽象的真理是一切财富中最宝贵的。没有它，人就成了睁眼瞎子；它是理智的眼睛。

——［法国］卢梭《一个孤独的散步者的遐想》

真理，如果毫无用处，就不是一件必须具有的东西。

——［法国］卢梭《一个孤独的散步者的遐想》

真理是存在于事物中而不存在于我对事物进行判断的思想中，我只知道在我对事物所作的判断中，“我”的成分越少，则我越是接近真理。

——［法国］卢梭《爱弥儿》

我们所需要的，并不是巨大的才能，而是对正义的真诚的爱和对真理的尊重。

——［法国］卢梭《爱弥儿》

人性本善，但罪恶的社会环境却使人变坏。

——［法国］卢梭《忏悔录》

我们首先要为人善良，然后才能得福。在获得胜利以前，我们不能强索奖励；在工作以前，我们不能硬讨工资。

——［法国］卢梭《爱弥儿》

剥夺了我们心中对美的爱，也就剥夺了人生的乐趣。

——［法国］卢梭《爱弥儿》

一切真正的美的典型是存在于大自然中的。

——［法国］卢梭《爱弥儿》

审美的标准是有地方性的，许多事物的美或不美，要以一个地方的风土人情和政治制度为转移；而且有时候还要随人的年龄、性别和性格的不同而不同。

——［法国］卢梭《爱弥儿》

真正的爱，是美在它本身能显出奕奕的神采来。

——［法国］卢梭《爱弥儿》

真理的曙光在慢慢闪现了。如果它克服了黑暗而普照大地呢？把真理掌握在你们手中吧！让它成为我们最坚强的武器！

——［法国］罗曼·罗兰《超越混战·致我的批评者》

我们自己获得的一半真理也比从别人那儿学来的、像鹦鹉学舌那样背出来的全部真理有价值得多。

——［法国］罗曼·罗兰《先驱者·托尔斯泰——自由的精神》

让我们到处追求真理，让我们在找到真理的花朵或种子的地方把它拣出来，找到了种子，就在风中播扬吧。无论它从何处来，无论它吹向何处，它将苞放萌芽。

——［法国］罗曼·罗兰《先驱者·托尔斯泰——自由的精神》

为了爱真理而牺牲别人的幸福，那可不行！那太霸道了。应当爱真理甚于爱己，可是应当爱别人甚于爱真理。

——［法国］罗曼·罗兰《约翰·克利斯朵夫》

真理不是由脑子分泌出来的硬性的教条，像岩洞的壁上分泌出来的钟乳石那样。真理是生活。

——［法国］罗曼·罗兰《约翰·克利斯朵夫》

对我来说，美丽的东西是一把钥匙，能让我见到一切没有见过的，知道一切从不知道的。

——［印度］泰戈尔《修道者》

虽然你那花里的刺刺痛了我，
美啊，
我还是感激的。

——［印度］泰戈尔《流萤集》

在含苞未放之际，
在甜蜜的尚未圆满的事物的心里，
美在莞尔微笑。

——［印度］泰戈尔《流萤集》

的确，在人类社会中要是还能找到一点美和宁静的话，也正是由于人们天天都在履行自己琐细的职责，而不是由于丰功伟绩和高谈阔论。

——［印度］泰戈尔《孟加拉掠影》

只有那些无法把自己充分沉浸在美中的人们，才会鄙视美，把它看作一个感官的对象。

——［印度］泰戈尔《孟加拉掠影》

吉丽芭拉的艳丽姿容像闪电、像奇迹、像如梦初醒的朦胧意识；只要她偶然一瞥，就可使人倾倒脚下。

——［印度］泰戈尔《打掉傲气》

在我们看来，真理是我们善良的朋友！在官府看来，真理是可厌恶的敌人！

——［苏联］高尔基《母亲》

真理不是想出来的，是得把它做出来的。

——［苏联］高尔基《崔可夫一家》

真理就像劳动的汗水一样，总是有一股强烈的气味。

——［苏联］高尔基《意大利童话》

只有真理才是生活中至高无上的统治者。

——［苏联］高尔基《智者》

探寻真理的人的大胆不是罪过，因为那是遵照上界提示而发生的……

——［苏联］高尔基《三人》

我一直在寻求和渴望着一种非同寻常的、像佩剑一样坚利和挺直的真理；我很想用它来武装自己，以便穿透乱七八糟的、像癞蛤蟆一样滑腻的言论，穿过行为、思想和感情的重要矛盾，满怀信心地前进。

——［苏联］高尔基《剧场散记》

偏见是陈旧真理的残骸，而如今在生活上空盘旋的种种谬谈是产生陈旧真理的灰烬。

——［苏联］高尔基《人》

人们喜爱善，珍惜善，向往善，并且总是期待着有朝一日善会照亮严酷的、黑暗的生活。

——［苏联］高尔基《老板》

人身上有善也有恶；你要行善，就有善；你要作恶，就有恶，恶有恶报！

——［苏联］高尔基《忏悔》

没有永恒的恶，也没有不朽的善，骗人者终究会被戳穿。

——［苏联］高尔基《抱怨》

一切丑陋的事物，都会像癞皮狗那样灭绝，像无益于人们的东西一样濒于死亡。

——［苏联］高尔基《老人》

人应该装饰的是心灵，不是肉体。

——［苏联］高尔基《马特维·科热米亚金的一生》

美的东西应该让大家都能看到，只有这样，它才会有生命力。

——［苏联］高尔基《意大利童话》

应该学会在无价值的事物中寻找美好的东西。

——［苏联］高尔基《公墓》

什么叫美？但不管怎样，应该认为，它是一种生理上的感觉。

——［苏联］高尔基《瓦莲卡·奥列索娃》

如若一个人的眼光没有被卑下动机的迷雾所遮住，欣赏美人是一种巨大的享受。

——［苏联］高尔基《十戈比银币》